Tony Bingham
Marcia Conner

O Novo
Social
Learning

Como transformar
as empresas com
aprendizagem em rede

Tony Bingham
Marcia Conner

O Novo Social Learning

Como transformar as empresas com aprendizagem em rede

Prefácio à edição brasileira
Conrado Schlochauer

Revisão Técnica
Alexandre Carvalho dos Santos/LAB SSJ

{ lab • ssj }

Presidente
Henrique José Branco Brazão Farinha

Publisher
Eduardo Viegas Meirelles Villela

Editora
Cláudia Elissa Rondelli Ramos

Projeto Gráfico e Editoração
S4 Editorial

Capa
LAB SSJ

Tradução
Cristina Sant'Anna

Revisão Técnica
Alexandre Carvalho dos Santos/LAB SSJ

Preparação de Texto
Heraldo Vaz

Revisão
Bel Ribeiro

Impressão
Edições Loyola

Copyright © 2010 *by* American Society for Training & Development

Publicado de acordo com Berrett-Koehler Publishers, São Francisco

Copyright © 2012 *by* Editora Évora Ltda.

Todos os direitos desta edição são reservados à Editora Évora.

Rua Sergipe, 401 – Cj. 1.310 – Consolação
São Paulo – SP – CEP 01243-906
Telefone: (11) 3562-7814/3562-7815
Site: http://www.editoraevora.com.br
E-mail: contato@editoraevora.com.br

DADOS INTERNACIONAIS DE CATALOGAÇÃO NA PUBLICAÇÃO (CIP)

B499n

Bingham, Tony
 [The new social learning. Português]
 O novo social learning : como transformar as empresas com aprendizagem em rede / Tony Bingham e Marcia Conner ; [tradução: Cristina Sant'Anna]. – São Paulo : Évora, 2011.
 ...p. ; ...cm.

Tradução de: *The new social learning : a guide to transforming organizations through social media.*

ISBN -978-85-63993-27-4

1. Aprendizagem social. 2. Mídia digital – Aspectos sociais. 3. Redes Sociais on-line. 4. Desenvolvimento organizacional. I. Conner, Marcia, 1965- II. Título.

CDD- 303.32

Sumário

Prefácio	vii
Prefácio à edição brasileira	xi
Introdução	xiii
Agradecimentos	xvii
1 Uma visão a 11 mil metros de altitude	1
2 Pavimentando a estrada das comunidades online	29
3 Compartilhe histórias com quem está ao redor, em cima e de fora	53
4 Microcompartilhamento para uma cultura saudável	71
5 Cultivando a inteligência coletiva	95
6 Ambientes de imersão refinam a aprendizagem	117
7 Conectando os pontos em eventos presenciais	137
Posfácio	155
Apêndice: governança	159
Leitura recomendada	163
Sobre os autores	165
Sobre a American Society for Training & Development	167

Prefácio

por Daniel H. Pink
Autor dos *best-sellers*
Motivação 3.0 e *O cérebro do futuro*

Em uma tarde no início dos anos 1990, vi-me em uma reunião no soturno escritório do meu chefe, quando um dos rapazes de tecnologia da empresa apareceu para mostrar uma nova pirotecnia tecnológica, que se chamava mensagem instantânea (MI). Eu nunca tinha ouvido falar em MI, mas fiquei intrigado, então, ofereci-me para fazer um teste.

Meu chefe ficou na frente do seu computador. Eu fui para outro, fora do escritório. E lá estávamos nós, digitando e mantendo uma conversa silenciosa em tempo real.

"Uau!", gritei para os outros no fundo da sala. "Muito legal!" E, quando voltei para a reunião, ofereci a todos – sem que pedissem, é claro! – meu ponto de vista sobre o que tinha acabado de testemunhar.

"Isso pode ser grande!", eu disse. "As mensagens instantâneas serão incrivelmente úteis para os surdos e os deficientes auditivos, que não podem simplesmente pegar o telefone e falar com alguém. Não é algo que a maioria vá usar muito, mas para esta fatia da população será incrível."

Hoje, quase duas décadas depois que as mensagens instantâneas se tornaram parte da comunicação cotidiana em todo o mundo – quando, literalmente, dezenas de milhões de pessoas com audição perfeita estão trocando mensagens instantâneas neste exato momento –, vejo uma moral nessa história: às vezes, a gente perde o bonde.

E isso é especialmente verdadeiro em relação à tecnologia. Em termos empresariais, a maioria das pessoas, inclusive eu, pensa no Twitter, no Facebook e em outras mídias sociais como ferramentas de marketing. Mas agora que eu li este livro inteligente e incisivo, percebi que posso estar tão equivocado quanto já estive em relação àquela outra jovem tecnologia lá no começo da década de 1990.

Como Tony Bingham e Marcia Conner demonstram nas páginas que seguem, o impacto mais profundo e duradouro das mídias sociais será sobre a aprendizagem. Há uma lógica intuitiva por trás dessa ideia, como um tapa na testa. Claro que sim! Sob tantos aspectos, a aprendizagem é um ato fundamentalmente social. Desde a época das rodas no jardim de infância aos grupos de estudo na faculdade, até as equipes de projeto nas empresas, a sociabilidade sempre lubrificou as engrenagens da aprendizagem.

Mas, agora, as plataformas wiki, os jogos interativos e as mídias sociais resgataram essa verdade e a lançaram a um novo patamar. "Nossa habilidade intrínseca para aprender em conjunto pode ser facilitada pelas tecnologias emergentes que estendem, alargam e aprofundam nosso alcance", escrevem Bingham e Conner. "Essas inovações", argumentam eles, "permitem um novo tipo de ecossistema construído no conhecimento e com as pessoas na posição central".

O Novo Social Learning é um guia fantástico sobre esse ecossistema emergente. Para ajudar você a navegar, o livro oferece um conjunto básico de princípios – que os autores chamam de "Regras do Playground". E, com exemplos que vão desde a rede de lojas Best Buy até a Intel, ou da Deloitte até a CIA, vai demonstrar como as mídias sociais podem melhorar a forma como você recruta talentos, envolve colaboradores e desenvolve as capacidades da força de trabalho em sua empresa.

O *social learning* não é uma substituição do treinamento e desenvolvimento dos colaboradores, mas pode concretizar o que as abordagens tradicionais muitas vezes não conseguem. Por exemplo, este novo enfoque, com base na tecnologia, pode complementar a instrução com a colaboração e a criação conjunta e, assim, diluir as fronteiras entre instrutor e instruídos, melhorando a experiência de todos. Pode também deixar uma "trilha digital rastreável", que revela o caminho de uma jornada de aprendizagem e permite que outros a refaçam. Você pode revitalizar suas conferências e palestras, abrindo um canal de *feedback* e de perguntas. As mídias sociais são capazes de reunir colaboradores de unidades remotas em novas comunidades, nas quais não só aprendem uns com os outros, como também lançam novidades para os clientes. Em suma, as mídias sociais têm o poder de mudar a forma como sua empresa trabalha. Como colocam os autores: "uma vez que você passa da pressão da informação para a absorção de conhecimento, libera força criativa para a sua equipe".

É emocionante quando dois dos mais respeitados nomes em treinamento e desenvolvimento se unem para produzir uma obra como *O Novo Social Learning*.

Quando você ler este livro, aprenderá muitas coisas e, estou convencido, compartilhará seus vários *insights*.

Mas, acima de tudo, você compartilhará a ideia de que o Twitter, o Facebook e seus parentes da mídia social são mais do que marketing. Eles são igualmente, senão mais, sobre aprendizagem. Este livro me ajudou a entender isso e a evitar perder o bonde de uma nova tecnologia mais uma vez. E ele pode fazer o mesmo por você.

Daniel H. Pink
Washington, D.C.
Junho de 2010

Prefácio à edição brasileira

por Conrado Schlochauer
Sócio-diretor do LAB SSJ
e apaixonado por aprendizagem – @lab_conrado

Você já pensou por que este livro trata do *novo* Social Learning? Aprender sempre foi um ato social. Pessoas aprendendo com outras pessoas e suas experiências, por meio de observação, reflexão e influência. O *novo* aqui é a forma como podemos fazer isso. Temos acompanhado o avanço da tecnologia e, com ele, o surgimento das mídias sociais. Podemos dizer que elas aceleraram o processo de aprendizagem social que já existia e o ampliaram para todos os ambientes, dentro e fora das organizações.

O conceito de aprendizagem social é pesquisado há décadas. Desde os anos 1960, o pesquisador canadense Albert Bandura analisa o impacto e a presença do grupo no desenvolvimento do indivíduo. Escrevendo sobre sua Teoria Social Cognitiva, ele demonstra que é pelas interações no mundo sociocultural que o indivíduo se desenvolve, nele atua, transformando-o e sendo por ele transformado. Aprendizagem social pode ser definida também como aprendizagem em rede, quando pessoas interagem entre si, sendo mediadas, ou não, pela tecnologia.

Por isso, a questão vai além de responder se temos que deixar as mídias sociais liberadas na empresa. Não consigo me lembrar de quantas vezes ouvi isso nos últimos anos em conferências que participei pelo mundo. No fundo, não se trata somente disso, permitir ou não o acesso, mas de compreender realmente se estamos falando de mais um tema da moda ou se este é efetivamente um novo paradigma na maneira como a sociedade interage. Estamos inclinados à segunda opção, pois, assim como Bandura, acreditamos na transformação do indivíduo pelas interações.

Pensando nisso, selecionamos este livro e o trouxemos para o Brasil em nossa coleção com o objetivo de aprofundar a discussão do tema, pois ele cumpre dois papéis importantes: o de explicar o uso das mídias sociais e também revelar os verdadeiros conceitos de aprendizagem que estão por trás delas. Precisamos aprender a pensar além da ferramenta, que, por si só, é incapaz de gerar mudanças. As pessoas é que fazem isso.

É nesse sentido que alguns tópicos – como cultura organizacional aberta ou fechada, segurança da informação, produtividade e gestão do conhecimento – têm estado presentes em nossas reflexões quando discutimos sobre o papel estratégico da aprendizagem nas empresas. E, a meu ver, devemos encarar todas as perguntas como grandes oportunidades. Independentemente de opiniões, dois aspectos são indiscutíveis neste assunto: as mídias sociais já fazem parte da vida de um número grande de pessoas e as oportunidades que elas trazem para o processo de aprendizagem são igualmente crescentes.

As pessoas estão habituadas ao uso das ferramentas e o conhecimento já circula informalmente pelas redes, o que torna mais fácil a criação e implementação das comunidades dentro das organizações. Por isso, seguimos convictos de que a aprendizagem é estratégica para renovar e aprimorar os negócios. No fim das contas, é disso que estamos falando.

Para que a aprendizagem assuma seu papel estratégico, ela deve fazer parte da cultura da empresa como um valor e deixar de ser assunto restrito a poucos profissionais na organização para ser vivido cotidianamente por todos. Para estimular uma cultura de aprendizagem, é preciso também oferecer as ferramentas adequadas e usá-las com propósito. Mais uma razão por apostarmos na publicação deste livro.

Sua leitura permite um novo patamar de análise e discussão em relação ao social learning nas empresas e ao uso das mídias sociais para troca de conhecimentos e boas práticas. Esta abordagem é efetiva para apoiar e estimular o alto desempenho dos profissionais da Era do Conhecimento, aqueles que se conectam para solucionar problemas mais rapidamente com base na experiência do grupo, comunicando-se entre si, ensinando e aprendendo o tempo todo.

Os casos reais que você verá ao longo dos capítulos geram insights e demonstram que o caminho é, ao mesmo tempo, simples e desafiador. Simples porque são ações para criar comunidades com conteúdos relevantes e ferramentas intuitivas, de custos acessíveis, algumas que já existem ou nem precisam ser instaladas nas máquinas. Desafiador porque a resposta para o que pode dar certo está dentro de cada organização, levando-se em conta sua cultura, momento, maturidade e estratégia.

Esperamos que projetos de aprendizagem possam ser construídos com mais efetividade para as pessoas e para a organização a partir daqui. Aproveite a leitura e parta para a experiência.

Introdução

Além da onda, das palavras da moda e de todo o valor que está no entretenimento de se reconectar a velhos amigos, as pessoas em organizações ao redor do mundo usam as mídias sociais para colaborar e aprender. As novas tecnologias permitem um novo tipo de ecossistema construído no conhecimento, colocando as pessoas em seu núcleo.

O modelo clássico de negócio pressupõe que a informação relevante seja criada e partilhada por meio tanto da gestão quanto do treinamento. Mas o modelo clássico não é mais suficiente; há coisas demais para conhecer e aprender, pouquíssimo tempo para formar um ponto de vista, e a informação muda rápido demais para ser transmitida. Um bebedouro virtual torna-se o ponto de encontro para compartilhar ideias e fazer perguntas, muito além dos limites das organizações formais em reuniões ou salas de aula.

Nossa habilidade inerente de aprender em conjunto pode ser facilitada pelas tecnologias emergentes que estendem, alargam e aprofundam nosso alcance. Mais do que qualquer outra tecnologia, as mídias sociais nos permitem abraçar as necessidades de mudar a demografia do ambiente de trabalho e possibilitam que pessoas de todas as idades aprendam da maneira mais confortável e conveniente para elas.

Hoje, redes de pessoas movidas pelo conhecimento, trabalhando através do tempo e do espaço, podem tomar decisões embasadas e resolver problemas complexos de formas com as quais jamais sonhariam um tempo atrás. Ao reunir pessoas que compartilham interesses, não importando a localidade ou o fuso horário de cada uma, as mídias sociais têm o poder de transformar o local de trabalho em um ambiente no qual a aprendizagem é tão natural quanto poderosa.

Embora a maioria que escreve sobre mídias sociais se concentre em como usá-las para o marketing, nós acreditamos que há uma história maior para contar. Este livro é para quem está particularmente interessado em como a mídia social pode ajudar as pessoas nas organizações a aprender mais rapidamente, inovar mais depressa, compartilhar conhecimento e interagir com colegas, parceiros de negócios e clientes.

Decidimos escrever este livro juntos porque o tema interessa profundamente a nós dois, embora tenhamos chegado ao assunto por trajetórias distintas.

Tony lidera uma grande associação profissional cujos integrantes ajudam as empresas a alcançar vantagens competitivas sustentáveis com a construção de conhecimento e das habilidades de seus colaboradores. Ele está empenhado em ajudar os executivos e a comunidade de treinamento e desenvolvimento a alinhar a aprendizagem organizacional às prioridades estratégicas da empresa, e a garantir que disponham das ferramentas para alavancar a capacidade da força de trabalho para alcançar crescimento e sucesso. E, como resultado de anos de trabalho no setor de tecnologia, ele tem uma paixão pessoal pelo poder das ferramentas colaborativas para gerar grandes mudanças.

Marcia é sócia de uma empresa em rápida expansão, que oferece consultoria em liderança, pesquisa e educação e para alavancar estratégias digitais emergentes. Ela refina estratégias de produtos e posicionamento de mercado, facilitando uma mudança cultural que vá preparar as empresas para a adoção das mídias sociais, removendo as barreiras no caminho do seu sucesso. Com uma longa trajetória no campo da aprendizagem no ambiente de trabalho, frequentemente em grandes empresas, ela agrega uma perspectiva de colaboração para indústrias que querem fazer mais do que apenas informar.

Nós escrevemos este livro para altos executivos, gestores em todos os níveis e pessoas que estão se desenvolvendo rapidamente para ocupar esses cargos. Mais do que simplesmente nos dirigirmos aos líderes focados em modelos de oferta de educação, instrutores pensando em estrutura de treinamento ou até tecnólogos fascinados por ferramentas, exploramos a aplicação das mídias sociais em todos os aspectos da gestão de talento: recrutamento, engajamento, retenção, capacidade e aptidão. Olhamos para o poder do *social learning* e compartilhamos histórias atraentes de empresas que acreditaram no valor das tecnologias colaborativas para elevar e acelerar os negócios e o impacto sobre os colaboradores.

O capítulo de abertura aborda as tendências reformatando o ambiente, os desafios e oportunidades que essas mudanças criam, e como o novo *social learning* proporciona a flexibilidade e a perspectiva exigidas em tempos de mudança.

Os capítulos subsequentes estão focados em categorias de mídia social e suas aplicações. Cada um aborda também os desafios de negócios que essas práticas emergentes podem ajudar a superar e orienta como responder às críticas quando você colocá-las dentro do fluxo social. Em cada etapa são oferecidas recomendações para que você e sua empresa possam colocar essa abordagem para funcionar. Uma vez que estamos falando de tecnologia, reconhecemos que, quando você ler este livro, as ferramentas específicas em uso hoje podem ter mudado drasticamente. Por isso, criamos um site complementar, http://thenewsociallearning.com (em inglês), no qual você poderá aprender mais sobre os aplicativos que pretende experimentar. Neste site, também apresentamos um passo a passo "para começar", porque os leitores chegarão aos tópicos com graus de interesse e níveis de conhecimento diversificados.

Embora cada capítulo tenha uma base que parta do anterior, começando com abordagens mais amplas que vão se estreitando para métodos mais específicos, sugerimos que você leia o primeiro e, em seguida, escolha qualquer outro que o intrigue mais, tecendo seu caminho pela leitura.

É nossa esperança que, com uma visão mais ampla do poder da mídia social para transformar sua organização, você ganhe uma participação mais abrangente e facilite conversas significativas, encontrando-se pronto para avançar com um conhecimento mais profundo, exemplos concretos de sucesso e uma renovada energia para aprender.

Tony Bingham **Marcia Conner**
@tonybingham @marciamarcia
Alexandria, VA Staunton, VA

Agradecimentos

Escrevemos este livro para ajudar altos executivos e gestores a entender o poder das mídias sociais para a aprendizagem. Ao desenvolver seu conteúdo, utilizamos uma variedade de ferramentas sociais para chegar aos indivíduos e organizações, que nos relataram suas histórias e *insights*. Agradecemos profundamente a contribuição de Kevin Renner, da Chevron; Geoff Fowler, Don Burke e Sean Dennehy, da CIA; Patricia Romeo, da Deloitte; Jamie Pappas, da EMC; Graham Brown-Martin, da Learning Without Frontiers; Monty Flinsch, da Mayo Clinic; Dan Pontefract, da TELUS; e mais de 80 empresas e líderes que compartilharam sua expertise conosco para que pudéssemos compartilhá-la com você. Ao descrever seus desafios e sucessos, os exemplos incluídos neste livro demonstram o tremendo impacto que as mídias sociais podem ter nas empresas, para as comunidades e para todos que interagem com elas. Esperamos que esses exemplos o inspirem tanto quanto nos inspiraram.

Além disso, John Seely Brown, Howard Rheingold, Nancy White, Judee Humberg, Stowe Boyd, Andrea Baker, Etienne Wenger e Andy McAfee continuaram a iluminar nosso caminho. Doug Newburg, Steve LeBanc e Wayne Hodgins asseguraram que os grandes temas soassem genuínos tanto ao coração quanto ao intelecto. Profissionais que gentilmente nos auxiliaram no desenvolvimento do tema incluíram Jane Bozarth, Aaron Silvers, Koreen Olbrish, Paula Thornton, Luis Suarez, Ellen Wagner, Stan Garfield, Luis Benitez, Mark Oehlert, Jane Hart e Jay Cross.

Marcia também quer agradecer a Jennifer, Anya, Karey, Connie, April, Christine, Valerie e Lisa, que lhe deram incentivo e apoio, criando espaço para que ela escrevesse, enquanto seus filhos lembravam que sociabilidade não é secundária nem separada da aprendizagem. Laura Fitton e Linda Ziffrin formaram um oásis repleto de carinho e humor. Seu marido, Karl, compareceu com simpatia, paciência e compreensão, e provou que a diplomacia sobrevive a refeições de última hora, conversas de fim de noite e férias ao lado do notebook.

As equipes da ASTD e da Berrett-Koehler são exemplos de verdadeira parceria. Jennifer Homer, especialmente, foi hercúlea ao transportar nossa carga, gerenciar o processo, organizar as tropas e oferecer palavras gentis nos momentos certos. Pat Galagan simplificou grandes ideias, e Tora Estep suavizou nossas palavras.

Especificamente nessa jornada, queremos agradecer não só às pessoas com as quais interagimos diretamente. Também devemos agradecimentos àqueles que imaginaram e desenvolveram as ferramentas sociais que deram volume ao nosso trabalho. Este processo seguiu adiante com o suporte de MacBooks, ThinkPads, iPads, iPhones, Twitter, Facebook, Google Docs, MindManager, Socialcast e Socialtext.

Juntos, esse time extraordinário permitiu um rápido trabalho diante de uma tarefa atemorizante, e nós seremos eternamente gratos.

O Novo Social Learning – **Regras do Playground**

1. Nada de ficar à toa na área do playground. O valor está na participação e na interação.
2. O playground é para pessoas de todas as idades.
3. Somente pessoas interessadas em ter influência são admitidas no recinto.
4. Comportamentos intransigentes, abusivos ou invasivos não serão tolerados. Debate, desafio e provocações, no entanto, são bem-vindos.
5. Se você alimenta pombos, esteja avisado que eles podem fazer cocô em você.
6. Mantenha os xingamentos e o ativismo político exagerados longe da piscina.
7. Desfrute a vida offline para se manter interessante na online.
8. O direito de ser ouvido não inclui o direito de ser levado a sério.
9. Seja paciente, acima de tudo, com você mesmo.

O descumprimento dessas regras pode resultar na perda de uma oportunidade sem precedentes para aprender com gente inteligente e interessante de todo o mundo.

1

Uma visão a 11 mil metros de altitude

Quando penso em alguns anos atrás, vejo a evolução e o crescimento de um programa, de uma organização e de uma comunidade. Eu vejo aprendizagem. Vejo a interação dinâmica entre especialistas em redes e mídias sociais e entre aqueles envolvidos na criação e na transmissão de conhecimento. Agora é hora de ampliar essa conversa e falar sobre inovação além das ferramentas – falar sobre inovação como uma arte, um comportamento e uma necessidade para sobreviver e progredir. Crescimento e adaptação fazem parte de uma jornada, que não terá sucesso se feita de forma isolada. Por isso, devemos seguir juntos.
— Geoffrey Fowler, Editor-chefe da The CIA World Intelligence Review (WIRe)

"Carregue o barco." A frase ia e voltava na cabeça dele, enquanto embarcava no avião.

Assim que ele se sentou na poltrona, a incerteza tomou conta, distraiu-o, transformando a cabine do avião num imenso ruído. Ele estava cansado, mas tinha trabalho a fazer. Um casal não parava de conversar nos assentos detrás. Aquele seria um longo voo.

Tentou relaxar, jogou a cabeça para trás e fechou os olhos. A reunião fora difícil. Sabia o que tinha de fazer para reestruturar o negócio e, com isso, seu emprego. E tinha de começar antes da reunião de amanhã cedo. Na sua cabeça, ele começou a carregar o barco.

Tinha ouvido essa frase pela primeira vez no hospital universitário onde sua esposa foi atendida, quando perguntou a um médico residente o que significava. "Quer dizer que você não está sozinho. Se tem um problema, se precisa de ajuda, se tem de aprender algo novo, existe um grupo de pessoas que você pode chamar a qualquer hora." Durante todo o tratamento da esposa, ele observou a equipe médica usar todos os meios disponíveis para se manter em contato com as pessoas em que eles confiavam, ou seja, o time que haviam formado. Essas pessoas aprendiam em tempo real e em situações da vida real. Elas salvavam vidas; tinham salvado a vida da sua esposa. Quem sabe o enfoque delas para a colaboração também fosse capaz de salvar seu negócio.

Ele dispunha de todas as ferramentas. Tinha sua equipe. Já tinha feito o trabalho. Era bem informado. Mas sentia falta de alguma coisa.

Quando começou a carregar o barco na sua cabeça, a barulheira dentro do avião desapareceu. O medo e a insegurança dissiparam-se. Enquanto o avião era preparado, Dave Matthews Band tocava nos fones de ouvido que sua filha lhe dera antes do voo. Ele então usou a conexão wireless para checar os e-mails e as mensagens nas redes sociais. O que tinha de fazer se tornou o que queria fazer. Ele encontrara seu ritmo.

A tela do computador dançava na sua frente. Os dedos tornaram-se uma extensão da sua mente. O smartphone e o laptop trabalhavam juntos enquanto seus dedos voavam. O que antes estava pesado agora parecia sem peso nenhum a 11 mil metros de altitude.

Tweets e textos fluíam de sua equipe espalhada pelo mundo a respeito das perspectivas do conselho administrativo, deixando claro aonde sua energia precisava levá-lo. Ele completou a parte que estava faltando da apresentação. Compartilhou com a equipe e encontrou sua própria voz. Sabia então que tudo daria certo.

Carregue o barco. Lembre-se para o que foi treinado e ponha para funcionar. Aprenda enquanto faz. Engaje-se, em vez de escapar. Prospere, em vez de tentar sobreviver. Isto é o *social learning* (aprendizagem social) em sua essência. Barulho transformado em música. Colegas transformados em colaboradores. Uma sinfonia. No dia seguinte, um membro do conselho deu a melhor definição: "pura música".

O ambiente de trabalho mudou

Neste exato momento, seus colaboradores já estão aprendendo com as mídias sociais. Eles já começaram a interagir e a se conectar com ferramentas novas e poderosas. A questão é: você estará junto? Quer fazer parte do que e de como eles aprendem? Prefere tentar detê-los? Vai reprimi-los ou deixar que façam o trabalho para o qual os contratou? Justamente o trabalho que você faz *com* eles?

Um ambiente de trabalho que estimula a aprendizagem é uma vantagem competitiva para qualquer empresa. As pessoas têm de aprender depressa, como parte do dia a dia, e não apenas nas raras ocasiões em que estão numa sala de aula. A alta liderança deseja com urgência oferecer a seus colaboradores algo vibrante, efetivo e de vanguarda, que dê suporte à sua aprendizagem contínua – algo que vá assegurar a competitividade.

Enquanto as organizações buscam maneiras de aumentar os lucros, reduzir custos e competir, ferramentas mais simples e amigáveis surgiram para ajudá-las a se sobressair. Essas ferramentas de mídia social estão mudando a maneira de trabalhar das pessoas, geralmente superando o treinamento formal.

Este livro é sobre como as pessoas aprendem socialmente; muitas vezes com a ajuda da tecnologia, mas nem sempre. Este livro não é um apelo em favor da reorganização do departamento de treinamento ou para transformá-lo na área de mídia social da companhia; embora alguns de vocês possam vir a tomar essa decisão. Mostraremos como as pessoas nas organizações podem trabalhar juntas com mais eficiência ao longo dos departamentos – incluindo seus colaboradores, parceiros e clientes – com a ajuda da mídia social em seu fluxo de trabalho. Vamos apresentar como essa abordagem embute a aprendizagem na essência do trabalho e como faz com que ela se torne um processo valioso e contínuo.

Nosso foco aqui não são as ferramentas. Elas mudam muito depressa e, por isso, construímos um website no qual os detalhes sobre as tecnologias podem ser atualizados. Basta visitar: http://thenewsociallearning.com (em inglês). Lá, você pode contribuir com o debate e encontrar informações atualizadas.

Nós o encorajamos a usar este livro para descobrir como as ferramentas de mídia social facilitam a aprendizagem, como podem ser empregadas para ampliar sua interação com os colegas e como usá-las para criar algo vibrante. Como diz Chris Brogan, um dos principais blogueiros do mundo, coautor de *Trust Agents* e autor de *Social Media 101*: "Ponha foco na conexão com as pessoas e as ferramentas todas farão sentido.[1]"

O social learning é uma mudança fundamental no modo como as pessoas trabalham – aprimorando a maneira como sempre realizamos as tarefas, mas agora com novas ferramentas para acelerar e ampliar nosso alcance individual e organizacional.

O que é o novo social learning?

Para entender o social learning, é preciso compreender antes o que é mídia social – um conjunto de tecnologias com base na internet, criadas para ser usadas por três ou mais pessoas. Mas isto é mais incomum do que parece. A maior parte das interações feitas por meio de tecnologia é limitada a uma transmissão um a um, geralmente uma chamada telefônica ou um e-mail; ou de nicho, quando alguém se comunica com um pequeno grupo, como quando usa listas de distribuição de e-mails ou newsletters de pequena circulação; ou ainda de grande difusão (de um para muitos), como em revistas online de grande alcance ou programas de rádio.

O social learning é exatamente o que parece – aprender dos outros e com os outros. Existe há um bom tempo e se dá naturalmente em conferências, grupos e entre velhos amigos num café, tão facilmente como ocorre nos exercícios em sala de aula ou entre colegas online que jamais se encontraram pessoalmente. Passamos pela

---

1 Brogan, C. e Smith, J. *Trust Agents: Using the Web to Build Influence, Improve Reputation and Earn Trust.* Hoboken, NJ: John Wiley & Sons, 2009.

4   O novo social learning

experiência ao ir até a sala fazer uma pergunta e quando postamos a mesma questão no Twitter, já sabendo que alguém nos dará uma resposta.

Uma vez que a mídia social é a tecnologia usada para engajar três ou mais pessoas, e o social learning é o ato de aprender com o outro, a novidade está na força com que esses dois elementos trabalham juntos. Ferramentas sociais deixam uma trilha digital, documentando nossa jornada de aprendizagem – quase sempre uma história de revelação – indicando um caminho para que outros o sigam.

As ferramentas agora estão disponíveis para facilitar o social learning, que não é mais limitado por diferenças geográficas (fronteiras espaciais) ou de fuso horário (fronteiras de tempo) entre os integrantes de uma equipe.

O novo social learning reforma a mídia social que, de uma estratégia de marketing, passa a ser uma estratégia maior que encoraja a transferência de conhecimento e conecta pessoas de maneira compatível com a nossa interação natural. Não é um sistema de transferência análogo ao treinamento em sala de aula, ao treinamento remoto ou ao e-learning. Em vez disso, é uma abordagem poderosa de compartilhamento e descoberta de um vasto conjunto de informações – algumas delas, às vezes, nem sabemos que precisamos. Tudo levando a uma tomada de decisão mais bem informada e a uma compreensão mais íntima, expansiva e dinâmica da cultura e do contexto em que trabalhamos.

O novo social learning oferece a pessoas de todos os níveis, de cada parte da organização e de qualquer canto do globo, uma maneira de recuperar sua capacidade natural de aprender continuamente. O social learning pode ensinar o piloto a voar de forma mais segura, a vendedora a ser mais persuasiva e o médico a se manter atualizado.

Durante bastante tempo, muitos de nós sabíamos que a aprendizagem pode transformar o ambiente de trabalho. Desejávamos ferramentas que pudessem explorar esse potencial. Mas só recentemente as mudanças na cultura corporativa e a tecnologia possibilitaram essa realidade.

Antes da internet, a última tecnologia que teve algum efeito real sobre a maneira como as pessoas se sentam para conversar foi a mesa.

Clay Shirky, que escreve sobre economia na web, ensina novas mídias na Universidade de Nova York e é autor de *Cognitive Surplus,* afirma: "Antes da internet, a última tecnologia que teve algum efeito real sobre a maneira como as pessoas se sentam para conversar foi a mesa".[2]

---

2 Shirky, C. *Keynote address on social software*. Palestra no O'Reilly Emerging Technology Conference, Santa Clara, em abril de 2003. Disponível em http://www.shirky.com/writings/group_enemy.html. Acesso em 7/6/2010.

Em seu nível mais básico, o novo social learning pode resultar em pessoas mais bem informadas, com uma perspectiva mais ampla e capazes de tomar decisões melhores por conta de seu engajamento com os outros. Isso porque essa aprendizagem ocorre com e por meio de outras pessoas e pelo fato de se participar de uma comunidade; não apenas pela aquisição de conhecimento.

O social learning se dá com o uso de mídias sociais, pela expansão do acesso e pelos contatos com todas as nossas conexões – em nossos ambientes de trabalho, nas nossas comunidades e online. E acontece quando mantemos o debate fluindo em um blog rico de comentários, ou no *coaching* e no trabalho do seu mentor, ou mesmo durante a malhação na academia.

O social learning é alavancado por ferramentas comerciais como Facebook, Twitter, YouTube, blogs e wikis, programas corporativos e conjuntos de aplicações, como Socialtext, Socialcast, Newsgator e Lotus Connections. Com algum desenvolvimento customizado, a aprendizagem também pode se expandir em plataformas sociais corporativas, como a IBM WebSphere Portal Server, Microsoft SharePoint, SAP Netweaver Portal and Collaboration e a Beehive, da Oracle.

Não conclua que tudo isso é novidade. Os softwares sociais têm estado por aí há quase 50 anos, desde o sistema Plato. Redes como a Compuserve, a Usenet, painéis de discussão e The Well já existiam antes mesmo do nascimento do fundador do Facebook. Mas, por causa das conexões desajeitadas, que dificultavam a leitura e a socialização das melhores ideias, somente os entusiastas da tecnologia usavam esses sistemas.

O novo social learning tornou-se fácil, com foco social e comercialmente viável com as ferramentas da web 2.0 e o software Enterprise 2.0, que aproximaram os serviços, recursos, conhecimentos e orientações de pessoas procurando respostas, solucionando problemas, superando dificuldades e aprimorando a forma de trabalhar. Elas facilitam a colaboração e apontam escolhas num amplo leque, levando a aprendizagem a uma vasta quantidade de pessoas intelectualmente diversificadas.

Essas novas ferramentas sociais ampliam o treinamento, a gestão do conhecimento e as práticas de comunicação utilizadas atualmente. Elas podem introduzir novas variáveis capazes de mudar fundamentalmente a aprendizagem: aumentam a velocidade de acesso, abrem um canal para o compartilhamento espontâneo, tanto de recursos desenvolvidos quanto de documentos sofisticados, e penetram em departamentos que nunca antes foram responsáveis pelo desenvolvimento dos colaboradores.

As ferramentas sociais são poderosos blocos de construção que podem transformar a maneira como oferecemos aprendizagem e desenvolvimento

> O treinamento muitas vezes oferece soluções para problemas que já foram solucionados. A colaboração aborda desafios que ninguém resolveu antes.

nas empresas. Elas trazem uma nova cultura de colaboração em que o conteúdo é produzido e distribuído com poucas restrições e custos.

Boa parte do que aprendemos no trabalho e em todo lugar provém de nosso engajamento em redes de relacionamento, nas quais as pessoas criam juntas, colaboram e compartilham conhecimento, participando ativamente e orientando sua aprendizagem para os tópicos que as auxiliam a melhorar. O treinamento muitas vezes oferece soluções para problemas que já foram solucionados. A colaboração aborda desafios que ninguém resolveu antes.

O novo social learning torna tudo isso instantâneo, capacitando as pessoas para interagir facilmente com aquelas que dividem um ambiente de trabalho, uma paixão, uma curiosidade, uma habilidade ou uma necessidade.

O novo social learning permite "ser maior do que meu cérebro", explica Stowe Boyd, que criou o termo ferramentas sociais e tem trabalhado na área há duas décadas, observando seus efeitos sobre os negócios, a mídia e a sociedade. "Quero criar um espaço de ideias em que eu possa pensar fora da minha própria mente, aumentando minha conexão com os outros."[3]

O que não é o novo social learning

Outra forma de compreender o novo social learning é compará-lo com o que ele não é:

- **O novo social learning não se destina somente às cabeças pensantes da empresa** – ele pode dar mais poder às pessoas que trabalham nas lojas, nas atividades de apoio, atrás do balcão e no campo de batalha. Isto não é a sua intranet corporativa, embora algumas funcionalidades do social learning possam estar incluídas aí. Gestão de documentos, agendas, blogs e diretórios online podem contribuir para que se aprenda socialmente, mas estão quase sempre orientados por tarefas, não para a comunidade.
- **Não está em competição com a educação formal** – os estudantes geralmente usam o Twitter como canal de comunicação entre eles ou com seus orientadores. Os professores também podem utilizar as mídias sociais antes e depois das aulas para ouvir e compartilhar as ideias do grupo.
- **Não é um substituto das iniciativas de treinamento e desenvolvimento (T&D)** – o treinamento é mais efetivo para a obediência, para o aprofundamento da aprendizagem e a certificação. Os programas formais de desenvolvimento ainda são necessários para preparar os colaboradores para progredir na empresa. O social learning pode suplementar o treinamento e o desenvolvimento oferecidos

---

[3] Em entrevista de S. Boyd com o autor em 2009.

em sala de aula ou online. Ele complementa o processo, cobrindo a parte do conhecimento que o treinamento formal raramente abrange.

- **Não é sinônimo de aprendizagem informal** – esse termo geralmente é aplicado para descrever qualquer coisa que não é aprendida em um programa ou em uma aula formal. A vasta categoria da aprendizagem informal pode incluir o social learning, mas algumas instâncias da aprendizagem informal não dizem respeito à social – por exemplo, pesquisa e leitura.

- **Não é uma nova interface de pesquisa online** – isso só pode ser considerado social porque outras pessoas desenvolveram o conteúdo que você acessa. Encontrar conhecimento com um mecanismo de busca não envolve engajamento interpessoal – a marca registrada do social learning.

- **Não é o mesmo que e-learning** – o termo é usado para descrever toda aplicação da tecnologia para ensinar alguém intencionalmente. Essa ampla categoria também pode incluir as ferramentas sociais e, se for organizada em torno de uma comunidade de aprendizagem online, como a Moodle, pode se tornar bastante comunitária.

- **Não é tão social quanto uma festa** – em geral, as pessoas estão sozinhas quando estão engajadas e aprendendo por meio de mídias sociais. A sociabilidade refere-se à forma com que a interação ocorre: trocar ideias, informações e experiências resulta em algo mais forte que qualquer contribuição individual.

Levando a teoria para a prática

Uma primeira "teoria do social learning" foi traçada em 1954 por John Dewey, reunindo os campos ainda emergentes da sociologia, da modificação de comportamento e da psicologia aplicada para entender e mudar a conduta.[4] Ideias a partir da teoria do social learning serviram para a formação do pensamento de teóricos posteriores do conhecimento, como Albert Bandura, que escreveu em 1977: "A aprendizagem pode ser muito exaustiva, para não dizer arriscada, se as pessoas tivessem que confiar somente nos efeitos de suas próprias ações para informá-las sobre o que deve ser feito. Felizmente, a maior parte do comportamento humano é aprendida pela observação de modelos."[5]

---

4 Para mais informações sobre a teoria do social learning, veja: Elkjaer, B. "Social Learning Theory: Learning as Participation in Social Processes", publicado em *The Blackwell Handbook for Organizational Learning and Knowledge Management* de Easterby-Smith, M. e Lyles, M. A. Malden, MA: Wiley-Blackwell, 2003.

5 Bandura, A. *Social Learning Theory*, Upper Saddle River. New Jersey: PrenticeHall, 1977.

O primeiro foco da teoria do social learning era aprender socialmente um comportamento apropriado pela imitação dos outros, que é apenas um pequeno aspecto de como ele é usado na prática atualmente. Devido à recente explosão de meios para que as pessoas aprendam socialmente e à vastidão de tópicos que podem ser aprendidos com os outros, é uma pena que o conceito de social learning tenha um escopo tão estreito. Admitindo isso, haverá momentos em que reduziremos a expressão "o novo social learning" para "social learning", aqui e no restante deste trabalho, de modo a descrever a ampla gama de temas e oportunidades que agora estão disponíveis. Social learning é observar, modelar e muito mais.

O *construtivismo social* é a teoria do conhecimento que melhor descreve como as pessoas aprendem juntas, tanto pessoalmente quanto online. Quando você se engaja com outras pessoas, forma sua própria visão sobre o tema que está sendo discutido. O entendimento do outro complementa o seu e, juntos, vocês começam a tecer uma interpretação bem informada. Você vai costurando esse pensamento até o ponto em que pode seguir em frente.

O psicólogo suíço Jean Piaget legou-nos o substrato para essa abordagem ao desafiar a noção behaviorista popular na década de 1950, de que as pessoas eram receptores passivos de estímulos externos, que moldavam seu comportamento.[6] Em vez disso, Piaget realizou muitos experimentos para demonstrar que as pessoas são participantes ativos da sua aprendizagem. Interpretam o que está ao redor com base em seu exclusivo entendimento do mundo e, então, modificam continuamente essa compreensão ao encontrar novas informações. As descobertas de Piaget conduziram à teoria e à prática da aprendizagem de descoberta para as crianças e para o uso de teatralização e estímulo para os adultos. A participação ativa é chave nos dois casos.

Isso pavimentou o caminho para a *construção social da realidade*, de Peter Berger e Thomas Luckman, que levou à notoriedade do *construtivismo social*.[7] Nós somos criaturas sociais. Se desempenharmos um papel ativo na criação de nossa visão da realidade, então os grupos dos quais participamos também darão sua contribuição. Nossa realidade é formatada por nossas interações sociais. Esse intercâmbio oferece contexto – cimentando socialmente aquilo que você já aprendeu com aquilo que outras pessoas aprenderam, e assim por diante. Isso gera uma espiral virtuosa, socialmente criada, construída e mais poderosa do que uma que qualquer participante pudesse fazer sozinho.

Em um mundo em rápida mudança, cada um precisa obter o máximo de informações úteis, classificá-las de acordo com nossas circunstâncias específicas, calibrá-las

---

6 Piaget, J. *Psychology of Intelligence,* Routledge Classics. London: Routledge, 2001.
7 Berger, P. e Luckman, T. *A Construção Social da Realidade.* São Paulo: Vozes, 2006.

com o que já sabemos e voltar a colocá-las em circulação entre as pessoas que têm os mesmos objetivos que nós.

O novo social learning alavanca as comunidades online, as mídias compartilhadas, o microcompartilhamento, a colaboração em conteúdos e os ambientes de imersão. Isso para conduzir rapidamente as pessoas para novas ideias, quando elas se adaptam ao seu fluxo de trabalho sem uma grande curva de aprendizagem e de uma forma que reflita, de modo mais aproximado, como as pessoas interagem pessoalmente.

O construtivismo social tornou-se oportuno porque o trabalho, durante muito tempo, foi focado no que já se conhece. Para triunfar atualmente, precisamos entender novas informações e conceitos complexos – que antes eram desconhecidos e que, em geral, são muito complicados para alguém aprender sozinho.

A mente do século 21 é coletiva; nela, acessamos o que sabemos no cérebro de nossos amigos e colegas. Juntos, podemos ser mais inteligentes e solucionar problemas mais desafiadores. Tudo o que está armazenado em nosso cérebro pode não ser tão importante quanto o que pode ser alcançado por nossas redes de relacionamentos. Juntos, somos melhores.

Por que isso está acontecendo agora?

A convergência de três tendências-chave acelera a necessidade do social learning. Embora algumas dessas tendências venham sendo observadas há décadas, sua influência agora foi combinada.

Três tendências em convergência para a força de trabalho:

- Expansão das oportunidades para a conexão da equipe
- Aumento das expectativas dos colaboradores
- Ampliação do alcance da tecnologia customizada

Expansão das oportunidades para a conexão da equipe

Sempre fomos criaturas sociais. Somos naturalmente focados em comunicar, conversar e compartilhar com os outros desde que nossos ancestrais se tornaram seres humanos. Isso faz parte do nosso mecanismo de sobrevivência, assim como de nossas preferências naturais. Nossas habilidades de conversar e partilhar sempre estiveram em expansão.

Quando as pessoas nas fazendas trabalhavam com os vizinhos para construir um celeiro ou trocavam trigo por milho, elas dividiam informações sobre técnicas de colheita ou novas receitas. Criavam e mantinham capital social – o estoque de confiança, normas e redes de relacionamentos sociais desenvolvidos a partir de um fluxo de informações e da reciprocidade criada para resolver problemas em comum. Capital social tornou-se capital financeiro quando dois fazendeiros, que trocavam ferramentas, passaram a produzir mais gastando menos.

As oportunidades cresceram quando os transportes nos deram mais mobilidade e expandiram o número de pessoas com as quais podíamos socializar ao redor da cidade. Depois, o telefone permitiu que nossa voz viajasse, eliminando a exigência de estar no mesmo lugar para falar com alguém. Quando as linhas telefônicas se expandiram globalmente, a distância tornou-se uma barreira a menos para nossas conversas e conexões. Quando satélites, celulares e redes ficaram online, tornamo-nos capazes de nos comunicar com qualquer um, em qualquer lugar e a qualquer momento.

A comunicação e a colaboração atingiram seu ponto alto com o e-mail e os fóruns online, depois vieram as mensagens instantâneas, a transmissão de voz pela internet e, então, o envio de vídeos. Exatamente quando achávamos que nada poderia nos deixar mais conectados, nossa natureza social promoveu ainda outra expansão, quando passamos a formar alianças e redes de relacionamentos nas empresas, usando mídias sociais – antes disponíveis comercialmente, agora já integradas às organizações.

Essas conexões representam mais do que um crescimento do volume de nossas conversas. Estamos testemunhando um aumento dramático do pensamento coletivo, da colaboração e capacidade de desenvolvimento. Doug Engelbart, pai do computador pessoal, foi premonitório quando imaginou um QI coletivo há cerca de meio século:

> O que aconteceria se, de repente, em um sentido evolucionário, desenvolvêssemos um novo supersistema nervoso que aumentasse nosso organismo social coletivo? O que aconteceria se, estrategicamente, começássemos a formar alianças cooperativas, empregando avançadas ferramentas computacionais de rede e métodos para desenvolver e aplicar nosso novo conhecimento coletivo?[8]

Talvez, estejamos realizando esse sonho agora. A oportunidade de elevar o QI pessoal, organizacional e coletivo chegou. Por mais que nossas capacidades de comunicação pareçam hoje em dia ao máximo, a história mostra que essa tendência vai continuar enquanto pudermos ser mais eficientes para conectar, colaborar, conversar

---

8 Landau, V.; Clegg E. e D. Engelbart. *The Engelbart Hypothesis: Dialogs with Douglas Engelbart*, 2. ed.. Berkeley, CA: Next Press, 2009.

e aprender. Precisamos abraçar essa oportunidade para as conexões pessoais e estar dispostos a evoluir.

Aumento das expectativas dos colaboradores

Pense naquele ano em que você entrou para a equipe. Depois, lembre-se de como estavam as coisas passadas seis meses de sua entrada na empresa. Você achava que deveria ter oportunidade para dar grandes saltos e receber altos bônus? Achava que o tempo livre era só seu, reservado para que você fosse atrás das suas paixões? Muitos de nós, sim. No entanto, esquecemos isso tudo quando rotulamos os jovens profissionais da nossa equipe de iludidos sobre crescimento profissional ou de desinteressados em trabalhar realmente duro.

Algumas das qualidades associadas às gerações mais jovens da equipe hoje são características da idade, não de geração. Imprudência, insatisfação com o *status quo* e questionamento constante são características que muitos de nós tivemos quando jovens. Não tínhamos conexões no Facebook com os amigos reforçando nossas perspectivas, sem falar em blogs e revistas eletrônicas endeusando jovens que se tornam presidentes de alguma empresa aos 19 anos. Como não tínhamos nada disso, deixamos nossas ideias de lado para que pudéssemos nos encaixar na equipe.

Suas expectativas no trabalho mudaram nesse novo mundo conectado? Muitas coisas parecem as mesmas do ano passado? Se fosse contratado pela companhia hoje, você não teria expectativas mais altas do que antes? Teríamos, com certeza.

Esse olhar abrangente sobre as mudanças no perfil demográfico da equipe nos convenceu de que as organizações de todos os tipos e tamanhos têm muito a aprender e mudar se quiserem atrair e reter os talentos – de todas as idades – de que precisam para ser bem-sucedidas. E não se trata somente da geração Y. Muitos de nós, seus colegas mais velhos, também consideram que as novas tecnologias sociais possibilitam que trabalhemos de maneiras que nunca imaginaríamos disponíveis durante nosso ciclo de vida.

Essas mudanças atingem todos na força de trabalho. Nós não descartamos o fator geracional; somente o vemos como parte do todo. Acreditamos que as diferenças de geração, gênero e perspectiva de consumo oferecem, juntas, uma estrutura útil para a mudança da equipe e do ambiente de trabalho. O sucesso será dos negócios sábios o bastante para entender, aprender e ampliar essas mudanças.

Geração

Em 2014, potencialmente, metade da força de trabalho será da geração Y. De modo geral, eles têm um alto nível de conforto ao lidar com tecnologia e grandes expectativas sobre usá-la para aprender. A geração anterior, X, compartilha muitas dessas expectativas, mas aprendeu a navegar em ambientes de trabalho que demoram a mudar. A geração Y e as seguintes não estão mais aptas a lidar com processos ineficientes.

Mais alguns anos e a geração Z começará a entrar no mercado de trabalho. Eles têm muito mais intimidade com a tecnologia, além de expectativas ainda maiores por respostas imediatas e conectividade constante do que os da Y.

Os *baby boomers* já estão se aposentando. Apesar da percepção de que os colaboradores mais velhos não aderem tanto à tecnologia, uma pesquisa da ASTD mostra que 79% dos *baby boomers*, em comparação com 76% da geração Y, consideram que as ferramentas de mídias sociais não estão sendo suficientemente utilizadas para atividades educacionais nas organizações.[9]

As gerações

Dependendo do autor ou do analista, as datas que demarcam as gerações podem variar. Para os propósitos deste livro, estamos utilizando o relatório *Millenials: A Portrait of Generation Next*, do Pew Research Centre:

- *Baby boomers*: nascidos entre 1946 e 1964
- Geração X: 1965-1980
- Geração Y: 1981-1997
- Geração Z: depois de 1997

Fonte: *Millenials: A Portrait of Generation Next*, do Pew Research Centre, Washington, D.C., 2010.

Gênero

Ainda sobre a mudança demográfica, estimativas sugerem que, ao longo da década atual, cerca de 60% da força de trabalho será composta de mulheres, um grupo mais inclinado a buscar as redes sociais para *insights* e perspectivas do que os ho-

---

[9] ASTD – American Society for Training & Development – *The Rise of Social Media: Enhancing Collaboration and Productivity Across Generations*, Research Report, Alexandria, VA: ASTD Press, 2010.

mens.[10] Estudos mostram que as mulheres experimentam mudanças psicológicas e emocionais quando se conectam verbalmente. Combinadas a novas formas de manter, organizar e criar novas conexões, essas redes acabam rendendo frutos para as mulheres mais rapidamente, já que suas conexões se assemelham às experiências que elas têm offline.

Visão de consumidor

Outra mudança que influencia o ambiente de trabalho é a visão de consumidor. O universo de mídia que nos rodeia – TV, internet, lojas, celulares – também alterou nossa expectativa em relação à comunicação em nossas empresas. Trazemos nosso conhecimento e suposições do mercado para dentro da organização. Como resultado, não queremos mais perder tempo lidando com interfaces pouco amigáveis, eventos de qualidade pobre ou design de qualidade duvidosa, porque já conhecemos – nós já experimentamos – alternativas melhores.

Questões pessoais

Seja qual for a geração ou o gênero, a maioria dos colaboradores não conta mais com alguém em casa para lidar com seus afazeres pessoais enquanto está no trabalho. Para cuidar de nós mesmos, temos de dividir nosso foco e energia entre a casa e o trabalho. As empresas que proíbem essa conduta por política ou por controle da tecnologia acabam por se tornar más guardiãs de seus colaboradores. Limitam nossa capacidade de resolver pequenos problemas diários, que podem se tornar grandes distrações durante o horário de trabalho.

Quando as pessoas – de qualquer idade – confiam na tecnologia, sabem que podem trabalhar a qualquer momento e em qualquer lugar, e, por isso, desejam ser avaliadas pelo resultado – não pelo critério de como, quando ou onde o trabalho foi realizado.

Ampliação do alcance da tecnologia customizada

Como consumidores, tivemos nossas expectativas ampliadas quanto à capacidade de a indústria e o varejo customizarem todo tipo de produto e serviços para nós: casas,

---

10 Para mais informações sobre as mulheres e as mídias sociais, leia: *The Power of Social Networking for Women: A Compilation of Primary and Secondary Research*, 2009. Disponível em http://shesconnectedmultimedia.com/pdf/report.pdf. Acesso em 21/6/2010.

computadores pessoais, jeans, tênis, data de cobrança de cartões de crédito e tudo mais. Um novo tipo de tecnologia e novas formas de distribuição substituíram uma longa história de produção em massa pela customização de massa.

Essa tendência está migrando para o ambiente de trabalho em *mashups*,[11] reunindo fatores independentes para formar algo inteiramente novo. Produzir novos resultados a partir de partes e peças já existentes pode resultar em novas músicas, novos softwares, novos cursos e novos papéis no trabalho.

Wayne Hodgins, um futurista focado em tecnologia, padrões e criação do conhecimento, cunhou a expressão "efeito floco de neve" para descrever a tendência de crescimento exponencial da customização em massa – para cada pessoa e a cada dia.[12]

Nós verificamos quatro categorias de *mashups* influenciando como as pessoas aprendem socialmente: papel, grupo de trabalho, conteúdo e gestão.

Mashups de papel

Embora a palavra *mashup* seja recente, na década de 1970 Alvin Toffler escreveu que uma sociedade claramente dividida entre produtores e consumidores iria se transformar em uma nova, formada por "prosumidores", que produziriam e consumiriam.[13]

Um esgarçamento semelhante de papéis ocorre no social learning, com todas as pessoas agindo como alunos e professores. Mais do que simplesmente desempenhar dois papéis, a mistura de funções cria uma forma totalmente nova de trabalhar.

Essa intersecção pode ser creditada à rápida adoção das mídias sociais pela sociedade. Isso muda fundamentalmente nosso nível de participação – de receptores para criadores e inovadores –, elevando o engajamento e o foco; da mesma maneira que a consciência de que vamos escrever ou ensinar alguma coisa aumenta nossa percepção sobre novas informações.

O *mashup* muda a maneira linear tradicional de se trabalhar e separa os papéis dentro de uma cultura de coprodução, codesign e codesenvolvimento, misturando as responsabilidades entre todos os envolvidos em um processo cíclico. No caso do novo social learning, não se trata de simplesmente oferecer às pessoas comunidades online ou wikis e sair do caminho delas. Trata-se de um novo modelo intera-

---

11 *Mashup*s – partes de conteúdos compartilhados nas mídias sociais com diferentes autorias e estilos que, quando somados, formam um novo conteúdo de autoria individual e que, em geral, volta a ser compartilhado para integrar novos *mashups* (N. T.).

12 Hodgins, W. *The Snowflake Effect: The Future of Mashups and Learning* – Becta Emerging Technologies Report, 2009. Disponível em http://emergingtechnologies.becta.org.uk/index.php?rid=14146. Acesso em 17/6/2010.

13 Toffler, A. *A Terceira Onda*. Rio de Janeiro: Record, 2007.

tivo e inclusivo no qual todos estão capacitados a criar, usar, publicar, recombinar, repropor e aprender.

Mashups de grupo de trabalho

As conexões globais estão criando o que o colunista do *The New York Times* Thomas L. Friedman chama de "um mundo plano", em que todos podem chegar aos outros, formar grupos e aprender com gente de todo lugar.[14] Pela colaboração, rompendo as divisões tradicionais da hierarquia e em qualquer ponto do planeta, as pessoas podem juntar forças para produzir conteúdo, mercadorias e serviços.

Escrevendo este livro, pudemos formar grupos de trabalho instantâneos enviando questões pelo Twitter, interagindo com aqueles que nos seguem online, trabalhando em cima de suas ideias e questionamentos, buscando suas opiniões e dados para dar suporte à nossa intuição – e perguntando sobre as objeções e argumentos que ouvem e como fazem para superá-los. Por esse meio de comunicação, também encontramos artigos relevantes, histórias compartilhadas por empresas e opiniões críticas e favoráveis sobre cada assunto, que fortaleceram o que queríamos dizer.

Mashup de conteúdo

Com a internet, todo mundo pode encontrar quase tudo a respeito de um assunto. Geralmente, não precisamos criar novos conteúdos porque todas as informações do que precisamos já existem. Os *mashups* nos permitem acessar rapidamente as partes mais relevantes e reuni-las em uma nova combinação de dados, perfeita para atender à necessidade atual.

Sites como o Slideshare oferecem coleções de slides e permitem que você faça o download, de modo que é possível escolher slides de cada coleção, combiná-los e modificá-los para montar uma apresentação feita especialmente para você. O Slideshare também permite que a pessoa compartilhe comentários, identifique favoritos, faça recomendações e encontre outros conteúdos que possam interessar.

Avaliações com polegares para cima ou para baixo, em sites como o Reddit, criam coletivamente novos conteúdos. Ao adicionar um comentário ou atribuir um número de estrelas, dando nota à sua experiência com um produto, um serviço ou um site, você também cria um conteúdo novo.

Além de *insights*, alguns oferecidos por outros, quando compartilhamos informações pelo Twitter, Facebook ou uma ferramenta equivalente – ou ainda quando

---
14 Friedman, T. L. *O Mundo É Plano*. Rio de Janeiro: Objetiva, 2009.

criamos marcadores usando o Digg ou o Delicious –, estamos adicionando perspectivas e opiniões a conteúdos já existentes na web, como páginas, blogs e artigos.

Mashups de gestão

Os líderes sempre precisaram transmitir suas visões. Agora eles usam blogs, e-mails, newsletters eletrônicas, vídeos e áudios para ampliar seu alcance ou engajar colaboradores em uma conversa.

O líder do grupo de treinamento e desenvolvimento (T&D) do RH da Intel levou a iniciativa mais longe: ele posta sua avaliação quase anual para toda a comunidade relacionada a T&D, chamando à discussão num nível global. De fato, ele usou um *mashup* para dizer: "Vamos conversar. Como posso trabalhar sobre esses tópicos?". Usou os meios de tecnologia da Intel (uma plataforma wiki) para receber colaboração e *feedback* sobre si mesmo (uma avaliação dele) em um fórum em que as pessoas podiam mencionar suas perspectivas sobre ele e a organização, para criar algo que não existia antes. Ele também pediu que as pessoas fossem seus colaboradores e clientes, *coaches* e professores. Sua incorporação de um papel e tomada de risco conduziu ao aprofundamento do debate sobre como ser mais estratégico e acelerar a aprendizagem de todos como grupo.

Bob Picciano, gerente geral de vendas de softwares da IBM, usa as ferramentas sociais dentro da empresa para contatar sua equipe e acelerar a conexão entre os colaboradores e os executivos. Ele tornou a hierarquia tradicional mais tênue e mais dinâmica, promovendo a realização do trabalho por redes de relacionamentos e comunidades. Ao ser questionado por Luis Suarez, líder de computação social da IBM, como um líder superocupado se sente ao usar mídias sociais enquanto trabalha, Picciano respondeu: "Liberado! É libertador repartir o comando e o controle".[15]

"Em muitos casos, isso não significa abrir mão do controle – você só o repassa para alguém em quem confia", avalia Charlene Li, fundadora do Altimeter Group e autora de *Fenômenos Sociais nos Negócios* e *Liderança Aberta: Como as Mídias Sociais lhes Transformam o Modo de Liderarmos*. "Mais do que tudo, os últimos anos têm sido dominados pela ascensão de uma *cultura de compartilhamento*. Essa nova cultura tem criado uma outra maneira mais rápida de ouvir e, mais importante, aberta a qualquer um na empresa que esteja disposto a aprender."[16]

Por causa do avanço da tecnologia, especialmente das ferramentas sociais, não estamos mais apenas *navegando* na internet. De várias formas, estamos *nos tornando*

---

15 B. Picciano, em entrevista em 2009.

16 Li, C. *Liderança Aberta: Como as Mídias Sociais Transformam o Modo de Liderarmos*. São Paulo: Évora, 2010.

a internet. Nós não ficamos mais seguindo líderes, estamos liderando e influenciando pessoas e organizações. A internet está se transformando em nossa infraestrutura de apoio. O poder dos *mashups* e das próprias mídias sociais está na inclusão, interoperabilidade, compartilhamento e interação, que são comportamentos tão sociais e tão humanos.

A aprendizagem pode ocorrer facilmente em qualquer hora, em qualquer lugar e em uma variedade de formatos. Sempre foi assim, mas agora isso está codificado e é mais visível. As novas ferramentas sociais podem ajudar as empresas a equilibrar a oferta do conhecimento de que os colaboradores precisam ao lhes dar a facilidade e a liberdade de aprender de uma forma aberta e saudável.

Isso é aprendizagem?

Geralmente, quando falamos a respeito dessas tendências e tecnologias, as pessoas nos solicitam uma definição de *aprendizagem*.

Definimos aprendizagem como o processo transformador de buscar uma informação que, quando internalizada e amalgamada às nossas experiências anteriores, é capaz de mudar o que sabemos e construir em cima do que podemos fazer. Isto é baseado em estímulo, processo e reflexão. É o que nos transforma.

Ao enclausurar uma pequena parte desse processo transformador sob os rótulos de *formal* e *informal*, marginalizamos a aprendizagem. Dessa forma, as conversas ricas e estimulantes que transformam as pessoas deixam de ser consideradas como aprendizagem. Elas passam a ser chamadas de comunicação, marketing, pré-venda ou suporte ao cliente.

Aprendizagem é o que nos torna participantes vibrantes de um mundo que busca novas perspectivas, *insights* e experiências em primeira mão. Quando compartilhada, nossa aprendizagem se mistura ao que outros aprenderam e se dissemina, mudando organizações, empresas, ecossistemas e toda a sociedade ao nosso redor.

Treinamento, gestão do conhecimento, boa liderança e uma enorme gama de práticas organizacionais podem trazer acréscimos ao ambiente em que as pessoas aprendem, mas elas podem aprender sem essa assistência também.

> As novas ferramentas sociais podem ajudar as empresas a equilibrar a oferta do conhecimento de que os colaboradores precisam ao dar a facilidade e a liberdade de aprender numa forma aberta e saudável.

No que ficou conhecido como o conceito de aprendizagem 70/20/10, Robert Eichinger e Michael Lombardo, em parceria com Morgan McCall, do Center for Creative Leadership (Centro de Liderança Criativa), explicam que 70% da aprendizagem e do desenvolvimento vêm da vida real, de experiências no trabalho, de tarefas e da solução de problemas; 20% do tempo de desenvolvimento vêm de outras pessoas, por meio de *feedback* formal ou informal, trabalho de mentor e de *coach*; e apenas 10% derivam do treinamento formal.[17]

Para obter uma visão mais ampla de aprendizagem, pense em cinco pessoas com as quais você se comunica e, então, identifique pelo menos três coisas que aprendeu com cada uma delas. A maioria acha isso mais fácil do que se lembrar de informações que tenham aprendido de modo formal – não porque não tivessem recebido assuntos úteis para aprender, mas porque, quando nos conectamos aos outros, o intercâmbio permanece conosco. Esse engajamento mexe com algo dentro de nós ou nos conecta com uma emoção, e essa dança mental deixa uma pegada sobre a qual podemos voltar a caminhar. Refletir sobre isso mais tarde aumenta ainda mais a aprendizagem.

Alguns programas de treinamento formal são desenvolvidos para promover ganhos de competências e habilidades. Uma nova médica em uma UTI pode não recordar todas as etapas da ressuscitação cardíaca, mas, quando precisa usar a técnica, seu corpo sabe o que fazer. Essa aprendizagem é mais do que uma lembrança. Trata-se da construção da musculatura na memória e de um estoque de opções, que surgem quando ocorre a necessidade de ressuscitar um paciente.

Outros programas de treinamento visam a ampliar seu pensamento e sua capacidade de lidar com as situações que virão pela frente. Isso também vem da comunidade ao seu redor, seja pessoalmente ou online. Etienne Wenger, autor de *Digital Habits, Communities of Practice, Situated Learning* e outros livros, afirma que o conhecimento humano é fundamentalmente um ato social.[18] Ouvindo as experiências dos outros, você mescla pedaços de dados, junta aos seus próprios e os encaixa na sua percepção de quem é você e o que pode fazer – junto com outras pessoas. "Aprender é otimizar a qualidade da sua rede de relacionamentos", diz Jay Cross, autor de *Work Smarter* e *Informal Learning*. "A aprendizagem é social. Mais do que isso, é colaborativa. Outras pessoas estão oferecendo o contexto e a necessidade, mesmo que não estejam na mesma sala."[19]

O modelo tradicional de treinamento corporativo – quando um expert dissemina conhecimento em um evento ou quando alguém apresenta um assunto durante um

---

17 O conceito da aprendizagem 70/20/10 foi desenvolvido por Morgan McCall, Robert W. Eichinger e Michael M. Lombardo no Center for Creative Leadership, e é especificamente mencionado em *The Career Architect Development Planner*, 3. edição, de Michael M. Lombardo e Robert W. Eichinger. O conceito é adotado pela Universidade de Princeton como parte de sua filosofia de aprendizagem. Para mais informações, veja http://en.wikipedia.org/wiki/70/20/10_ e também: http://www.princeton.edu/hr/learning/philosophy/

18 E. Wenger em http://www.ewenger.com

19 *Informal Learning: An Interview with Jay Cross*. Disponível em http://theelearningcoach.com/elearning2-0/informal-learning-an-interview-with-jay-cross/. Acesso em 18/6/2010.

dia todo – está sendo modernizado. É preciso tirar o máximo de vantagem dessa maior oportunidade de se ter aprendizagem acidental, de se aprender pela interação com os outros e de aprender durante a prática do trabalho.

As organizações e os indivíduos não serão completamente atendidos apenas pelo treinamento formal. Diversos contextos e estilos de aprendizagem, especialmente a complexidade de cada trabalho, determinam o que e como as pessoas aprendem. O pior é que muito do que precisa ser aprendido está mudando mais depressa do que nossa capacidade de criar oportunidades para uma aprendizagem estruturada. Os métodos tradicionais de treinamento podem ser muito úteis para ensinar tarefas altamente específicas ou procedimentos de segurança, mas práticas de desenvolvimento exigem mais do que isso. A aprendizagem autodirigida torna-se uma estratégia-chave quando precisamos ser rápidos.

O novo social learning, que foca no compartilhamento da informação, colaboração e cocriação – não na instrução –, exige que a noção de treinamento seja ampliada. Marc Rosenberg, autor de *E-learning* e de *Além do E-learning*, aponta: "A metáfora da sala de aula deve se abrir para a metáfora da biblioteca comunitária".[20]

Estudos demonstram que aprendemos o que precisamos para resolver problemas e tomar decisões no mundo real. O estrategista do trabalho e da aprendizagem Harold Jarche costuma dizer: "Trabalhar é aprender, aprender a trabalhar".[21] O conhecimento adquirido e nunca colocado em prática é esquecido. Podemos agir como se déssemos importância a algo aprendido e seguimos em frente, mas esqueceremos aquilo, a menos que seja algo que queiramos aprender e que se encaixe bem em nosso trabalho.

O social learning é especialmente positivo durante o "carregamento do barco", mostrando-nos que, em caso de crise ou simplesmente para satisfazer nossa curiosidade, existe uma rede que nos dá apoio a qualquer hora. É o que Howard Rheingold, que leciona sobre "comunidades virtuais" (um termo criado por ele) e mídias sociais na Universidade da Califórnia-Berkeley e na Universidade de Stanford, além de ser autor de livros como *A Comunidade Virtual* e *SmartMobs*, descreve como "a confiança no cérebro online representando um acúmulo muito variado de expertise".[22]

> Aprender é otimizar a qualidade da sua rede de relacionamentos. A aprendizagem é social. Mais do que isso, é colaborativa. Outras pessoas estão oferecendo o contexto e a necessidade, mesmo que não estejam na mesma sala.

---

20 M.J. Rosenberg em entrevista a Pat Galagan em 2009.

21 Jarche, H. *Work Is Learning, Learning Work*. Disponível em http://www.jarche.com/2009/05/work-is-learning-learning-work/. Acesso em 18/6/2010.

22 Rheingold, H. *A Comunidade Virtual*. Gradiva, 1997.

O social learning também é especialmente positivo ao oferecer às pessoas uma visão nos pequenos momentos que ocorrem entre grandes atividades, moldando nosso comportamento para que os outros observem, retenham e repliquem – ou evitem. Olhamos para a sequência de tweets e conseguimos tirar lições de atendimento ao cliente, encontramos encerramentos graciosos para nossas apresentações ou nos lembramos de gafes culturais para não cometê-las na frente de nossos visitantes. Juntos, somos melhores.

Novos desenvolvimentos, como as simulações realistas, ambientes de imersão e ferramentas de busca mais inteligentes prometem uma nova maneira – mais profunda – de se conectar e obter uma informação rica em conteúdo, capaz de nos transformar e, por consequência, afetar a organização, a sociedade e as pessoas a quem servimos.

Como responder às críticas

Um dos maiores obstáculos para tomar uma nova iniciativa é ter a coragem de encarar aqueles que dizem ser perigoso ou uma bobagem o que você está fazendo. Talvez, eles tenham ouvido uma história sobre alguém que fez algo que os assustou. Talvez, seja o medo do desconhecido. A seguir, apresentamos as críticas mais comuns que ouvimos a respeito do social learning e a maneira que encontramos para respondê-las. Cada capítulo deste livro contém uma seção semelhante, para armá-lo com bons argumentos para responder às críticas.

Nossa organização nunca adotará as mídias sociais

O movimento em direção ao social não é uma decisão binária. Pense nele como uma escala de Likert, na qual a verdade está em algum lugar no meio.

Sem planejamento para usar as mídias sociais, as empresas acabam aderindo facilmente. O microcompartilhamento tende a surgir por causa de uma ferramenta empresarial que pode ser implementada de graça. Os colaboradores podem ser encorajados a postar comentários nos blogs da empresa ou a criar seus próprios blogs. Talvez, um diretório de colaboradores seja colocado online e, então, alguém cria uma wiki. Em algumas organizações, muitos adotam as mídias sociais, alguns até as patrocinam, mas elas não serão universalmente aceitas.

É assim que funciona abraçar as mídias sociais e o novo social learning. Não se trata de um salto do trampolim mais alto; é um processo de adaptação e adoção.

Há muitas maneiras de fazer isso. Comece em volta de você e construa onde mais se adequar à sua cultura e ao seu ambiente. Só não evite as mídias sociais pelo fato de não entendê-las. Aprenda com quem sabe.

As pessoas publicarão coisas impróprias

Se alguém coloca um conteúdo impróprio na porta do escritório, você não arranca a porta. Se alguém faz uma piada de mau gosto ao telefone, você não arranca o fio da parede. As ferramentas sociais ainda são uma novidade e, por isso, as histórias horripilantes circulam de modo viral e rapidamente. Em vez de banir as mídias sociais, eduque as pessoas para que saibam usá-las de modo eficiente no trabalho. Como elas são o futuro da colaboração e da aprendizagem nas empresas, as pessoas precisam ser preparadas para usá-las com respeito e adotar as melhores práticas sociais. Além disso, não se esqueça de que quem está disposto a prejudicá-lo sempre encontra – e sempre encontrará – algum jeito de fazer isso.

As pessoas publicarão informações incorretas

Um dos líderes entrevistados por nós expressou suas preocupações da seguinte maneira: "Nossos colaboradores podem um dia resolver pichar versões do nosso logotipo por toda a cidade, mas nós não colocaremos latas de tinta nas mãos deles". Temia que, ao encorajar o uso das mídias sociais, pudesse estar estimulando a publicação de informações que ele não aprovaria.

Para dizer o mínimo, as organizações têm mais histórias contrárias a esse temor e, além disso, os equívocos são rapidamente corrigidos. Quando perguntas e respostas são feitas publicamente, existe a tendência de alguém corrigir os fatos ou os dados antigos, rumores e especulações. Sabendo que as informações são acessadas por muita gente, todos buscam ser mais precisos.

Uma ampla gama de detalhes sobre a empresa circula sem parar entre os colaboradores e chega ao mercado. Informações sobre sua empresa escapam enquanto as pessoas conversam em restaurantes durante o almoço ou falam ao celular na fila do correio. Quando você oferece os meios para o compartilhamento entre os colegas e se mostra confiante, vêm à tona as melhores informações, porque muitas pessoas as consideraram úteis e importantes. Diferentes vozes corrigem mais facilmente os equívocos. É a sabedoria das multidões, para emprestar um termo que se tornou popular com James Surowiecki.[23]

A maioria das empresas que entrevistamos durante a pesquisa para este livro bloqueia informações sobre seu planejamento, especialmente os detalhes sobre recursos humanos, de modo que os colaboradores não podem compartilhar dados sem autorização. Mais do que mirar o controle absoluto (que é uma ilusão), expanda o círculo de confiança na companhia.

---

23 Surowiecki, J. *A sabedoria das multidões*. Rio de Janeiro: Record, 2006.

Nosso pessoal precisa de treinamento, não de socialização

O social learning não substitui o treinamento. Pode até deixar um pouco de lado ou complementar bastante, mas tem a capacidade de estimular a transferência de conhecimento de uma forma que o treinamento nunca conseguirá.

Ellen Wagner, analista de aprendizagem industrial da Sage Road Solutions, observa que "hoje avaliamos o grau de conhecimento e capacitação pela habilidade das pessoas em utilizar a rede de interconexões para acessar recursos, informações e tópicos especializados. O ambiente de trabalho bem-sucedido deixou de ser individualista e volta-se para as equipes, comunidades de prática e a colaboração".[24]

"A coisa mais importante acontecendo em treinamento e desenvolvimento no ambiente de trabalho, hoje, é a derrubada das paredes da sala de aula para possibilitar que os experts e os colegas aproximem suas mensagens da vida e do trabalho por meio da tecnologia", acrescenta Allison Rossett, professor emérito de educação tecnológica da Universidade Estadual de San Diego. "Eu tinha minhas dúvidas a respeito do potencial de aprendizagem das redes sociais até que comecei a usar uma como elemento-chave de uma aula de graduação em consultoria de performance. Nunca mais tive dúvidas. Meus estudantes trabalharam em grupo, conduziram pesquisas, criaram apresentações, procuraram experts, alongaram-se nas discussões – até nos conflitos – e conseguiram engajar as pessoas muito além do que já havíamos registrado antes. Cerca de 65 alunos, durante dois anos, eram estudantes reais na sala de aula, mas atingimos mais de quinhentos, conforme aderiam e usavam a rede online. Foi muito melhor em quase todos os sentidos."[25]

Os sistemas comprometem informações confidenciais

Organizações como a CIA (Agência Central de Inteligência dos Estados Unidos), Wells Fargo e Mayo Clinic usam amplamente as mídias sociais, embora suas informações sejam bastante delicadas. Em vez de decretar que a novidade não é adequada para esses ambientes, essas organizações escolheram praticar a boa governança. Incentivam as pessoas para que participem do compartilhamento de informações em comunidades online com uma compreensão clara de que têm responsabilidade sobre informações delicadas e confidenciais.

"Se você coloca muitos cadeados, criando uma cultura de precaução, isso é tudo o que você ganha: cadeados", afirma Chris Rasmussen, "inteligência viva" e divulgador dos *mashups* na comunidade de inteligência dos Estados Unidos.[26]

---

24 E. Wagner em entrevista com os autores em 2009.

25 A. Rossett em entrevista com os autores em 2009.

26 C. Rasmussen em entrevista com os autores em 2009.

As mídias sociais são incontroláveis

Em vez de começar com uma política pesada, condenando o uso das mídias sociais, coloque em ação regras simples, definindo quando as pessoas devem usar quais ferramentas para comunicar, criar ou compartilhar tipos específicos de informação. Torne mais fácil para as pessoas classificarem as informações criadas por elas. Especifique dados e conteúdos apropriados para qual uso – especialmente dentro da empresa. Além disso, o fato de as pessoas verem o que os outros estão compartilhando favorece o automonitoramento e que cada um monitore o outro. Veja o apêndice para obter exemplos de políticas de governança.

Embora muitas empresas hoje proíbam os colaboradores de acessar as mídias sociais na internet durante o trabalho, existem poucas formas de realmente bloquear todo tipo de uso, a não ser que você decida impedir que eles usem seus próprios smartphones. Em vez disso, incentive as boas práticas e as decisões conscientes para chegar a uma solução de longo prazo.

Nada pode ser mensurado

As análises orientadas para as redes na web podem identificar como essas ferramentas e nossas práticas evoluem. São ideais para mensurar quatro fatores:

- Iniciativa (quantas pessoas acessam)
- Persistência (quantas pessoas retornaram, presumivelmente porque perceberam valor)
- Conexão (como a rede de relacionamentos se expande)
- Transição tecnológica (menos documentos enviados por e-mail)

A natureza transparente das mídias sociais torna mais fácil mensurar o que está ocorrendo porque isso pode ser observado e rastreado. Por exemplo, você pode analisar o que as pessoas estão procurando e mapear o que elas encontram. Pode avaliar não só aonde as pessoas vão com suas ferramentas sociais, mas também como chegam lá, quanto tempo permanecem e o que fazem enquanto estão lá. Embora isso não verifique a transferência de conhecimento ou de habilidade, trata-se de um ótimo indicador.

Boas mensurações podem indicar resultados funcionais mais do que simplesmente perguntar: "Será que eles aprenderam?". Pouco valor é agregado para a empresa se as pessoas não aplicam o que absorvem. As melhores mensurações dão um passo além ao conectar o uso de novas habilidades e o conhecimento com a forma como eles afetam os resultados.

O próximo nível

A alta liderança da empresa considera o conhecimento dos colaboradores uma prioridade estratégica, ainda que muitas vezes deixe o assunto fora das discussões estratégicas porque, anos atrás, relegou a questão para o departamento de treinamento. Nos últimos 15 anos, as empresas tentaram transformar a aprendizagem organizacional, dividindo a responsabilidade de treinar e preferindo cursos online. Isto não resolveu o dilema mais profundo: treinamento e aprendizagem não são a mesma coisa.

Na nossa visão, treinamento é uma abordagem de fora para dentro que oferece uma quantidade conhecida de conteúdo, enquanto a aprendizagem é um processo de dentro para fora, que começa com o desejo do "aprendiz" de saber – não importa que a vontade seja antiga dentro dele ou que surja espontaneamente como resultado de eventos recentes ou de uma interação dinâmica.

O novo social learning promove um ambiente no qual as pessoas adquirem, rápida e facilmente, novos conhecimentos e habilidades, enquanto tudo muda em torno delas, atendendo às demandas de um mundo em constante transformação.

O novo social learning transcende as mídias sociais, o treinamento e as antigas práticas de aprendizagem no ambiente de trabalho porque oferece:

- Mais fontes de informação: acesso a pessoas que podem diminuir sua incerteza com dados comprovados, apresentações, pesquisas e uma perspectiva mais ampla para ajudar a tornar seu caso (ou sua decisão) mais fácil;
- Mais pontos de divulgação: as pessoas podem atender sozinhas a suas necessidades de informação, acessando seus recursos compartilhados, o que também reduz seu tempo dedicado a ensinar os outros;
- Abordagem aberta de uma ampla rede de interlocutores e colaboradores que pode ajudar no fluxo do trabalho.

Decisões mais bem embasadas

Cada um dos próximos capítulos começará com o estudo de uma organização profundamente engajada na aplicação das mídias sociais para aprendizagem. E concluiremos este primeiro capítulo – que tem o objetivo de oferecer contexto para as abordagens específicas que veremos adiante – com a apresentação da história de uma organização no uso das mídias sociais.

Embora sua empresa e a CIA pareçam não ter nada em comum, seus objetivos não são tão diferentes assim...

Em 2006, uma equipe de analistas da CIA foi encarregada de substituir uma antiga publicação impressa, que basicamente continha informações do *briefing* da presidência ou trazia o relato de alguma crise que acabara de vir a público. Como todo jornal, certa quantidade de espaço era reservada para os gráficos, e o restante era ocupado por texto. Funcionava, mas nunca foi um sucesso.

Em vez de trabalhar em cima do que já tinha, a equipe partiu do zero, criando uma nova estrutura, com aplicativos de mídia social e uma visão mais clara.

O resultado é uma publicação eletrônica diária para atualizar a diretoria e os agentes de segurança sobre as tendências e novidades de outros países com potencial de afetar os interesses norte-americanos. A análise na publicação é confidencial, considerando os métodos utilizados para obter informações e os assuntos delicados que contém. Mais do que apenas um jornal, ela antecipa o desenrolar de alguns assuntos e faz projeções para o futuro.

A CIA denominou a publicação como *The CIA World Intelligence Review (WIRe)*, porque o mundo ("world") é exatamente o que ela cobre, a inteligência ("intelligence") é sua vocação e uma revista ("review") é o que eles estão produzindo de fato.

A WIRe é a presença online coletiva e dinâmica da CIA. Ela aplica ferramentas e processos inovadores para fazer com que a riqueza de conteúdos da agência – incluindo textos, recursos multimídia, gráficos e vídeos – esteja acessível onde e quando for necessário. Atualizada durante o dia, sua primeira página, dinâmica e customizável, entrega um conhecimento específico de maneira adequada. A revista eletrônica da CIA facilita a navegação por volumes de relatórios, ligando análises com fontes, além de oferecer uma ferramenta de busca robusta e aplicativos para *feedback*, de modo a dar apoio à gestão do conhecimento.

Para a CIA, ser "central" não reflete simplesmente o cargo dos diretores, o nome da organização ou seu papel diante dos legisladores. Refere-se a atuar como "central", ser essencial para seus clientes. A organização almeja conduzir o processo, como pioneira em tempos de mudança, em uma demonstração de liderança aplicada.

Ao criar a WIRe, a equipe seguiu quatro trilhas. Esses objetivos refletem os de muitas organizações em busca de uma nova visão:

- Eliminar e substituir o que não funciona mais. Fazer melhor, aprender com os erros e se comprometer em acertar.
- Abraçar o que de melhor está sendo feito na iniciativa privada e aplicar na inteligência, oferecendo uma publicação eletrônica com navegação amigável. Os leitores habituados à BBC.com ou ao Google News sabem como usar isso.
- Cultivar o relacionamento com os leitores. Comunicar-se com eles, não apenas lhes transmitir informações. Estar atento a como eles interagem com a informação e usar essa resposta para aprimorar o conteúdo.

- Reconhecer que nem sempre sabemos como as mídias sociais operam e como poderão ser úteis para nós, mas a inovação e a flexibilidade fazem parte de nossa missão e vamos integrá-las em nossas atividades.

Embora esses quatro objetivos tenham crescido ao longo do tempo, a equipe continua a atuar em torno deles, pois tem consciência de que os leitores não compram a WIRe com dinheiro, mas investem seu tempo para lê-la. E eles têm investido. O novo sistema já superou a antiga revista, que contava com 750 leitores por dia. Agora, a publicação atual conta com mais de 100 mil usuários registrados ao redor do mundo. A WIRe tornou-se o padrão máximo em compartilhamento de informações no governo dos Estados Unidos: é publicada como parte do *briefing* do presidente, é lida pelos integrantes do gabinete e também por soldados e marinheiros envolvidos em operações de segurança nacional. Desse modo, obtém tanto alcance quanto impacto.

O propósito da WIRe é informar sobre decisões, revelando o que os líderes estão pensando quando decidem. A WIRe é a voz da CIA, expressando, como instituição, sua visão sobre um assunto. Agora também oferece meios de expressar conhecimento em um espaço colaborativo ao qual as pessoas podem se juntar, adicionar informações e aprender; não se trata mais de representar dados isolados e discretos. Ela oferece interação pessoal ligada a informação relevante que, com apenas alguns cliques, se conecta a outros assuntos de interesse. Está toda interconectada, colocando os leitores dentro do contexto do que ocorre no mundo.

Melhor do que relatar a história do líder de um governo emergente com palavras e algumas imagens estáticas, a WIRe traz um videoclipe, talvez gravado por um espectador, mostrando como o líder se expressa com paixão para uma multidão e como seu estilo de comunicação toca o coração dessa audiência. Ao ver o clipe, qualquer um pode entender por que esse líder é tão poderoso.

Dessa forma, produtores de conhecimento conseguem apresentar temas de maneira mais vibrante, criando apresentações de alto impacto, com a mensagem sendo transmitida em áudio, vídeo e texto compartilháveis. O canal integra múltiplas fontes e é construído por muitas pessoas. Os leitores descobrem o pano de fundo dos relacionamentos da inteligência e percebem que tudo está interconectado e apresentado da forma mais precisa.

Além do conhecimento compartilhado pela equipe da WIRe, seus leitores geram novos conhecimentos ao longo do caminho de sua descoberta, pelos comentários publicados, pelas tags e marcações que criam. Cada agente online – sempre aprendiz – pode ver a navegação de outro e partir do mesmo ponto, seguindo tags e marcadores, para entender o que de mais relevante embasou um processo de tomada de decisão. Pela observação dos marcadores e tags de um outro, as pessoas também descobrem gente que tem interesse nos mesmos temas e, possivelmente, toma decisões sobre assuntos similares. Isso facilita a criação de novos relacionamentos e outros pontos de vista.

A WIRe tornou-se uma combinação de inteligência diária com grupos de assuntos, trilhas de interesse e ferramentas de busca, deixando um arquivo que pode vir a satisfazer necessidades de um agente que, talvez, nem existam ainda. Mais do que tentar customizar uma publicação para atender a todas essas funções, a WIRe tornou-se um diamante que, em sua forma bruta, tem valor em si mesmo; o que faz a publicação brilhar é a possibilidade de cada tomador de decisão, cada pessoa procurando informação específica, editar essas informações olhando para seus diferentes aspectos através de uma lente muito individual. Pode ser que o detalhe que você queira esteja na homepage, nas manchetes apresentadas pela equipe da WIRe, ou você pode receber o dado por um RSS. Uma página regional lhe oferece um segundo aspecto, enquanto as editorias, um terceiro.

> Melhor do que relatar a história do líder de um governo emergente com palavras e algumas imagens estáticas, a WIRe traz um videoclipe, talvez gravado por um espectador, mostrando como o líder se expressa com paixão para uma multidão e como seu estilo de comunicação toca o coração dessa audiência. Ao ver o clipe, qualquer um pode entender por que esse líder é tão poderoso.

O que diferencia esse sistema de outros já desenvolvidos dentro e fora do governo é o fato de operar, aparentemente, em mundos conflitantes – o compartilhamento em larga escala e as informações confidenciais de segurança. Os dois extremos são perigosos. Como afirma o editor-chefe da WIRe, Geoffrey Fowler: "Compartilhe em excesso e alguém pode morrer. Segure demais as informações, as decisões podem carecer de embasamento e alguém pode morrer. Nossa responsabilidade é compartilhar tanto quanto possível de modo seguro – e assegurar que essas duas necessidades críticas não sejam vistas como extremos incompatíveis. A verdade sobre o negócio da inteligência é que o compartilhamento e a segurança das informações têm que coexistir".[27]

A WIRe oferece abertura e segurança ao mesmo tempo com um sistema desenvolvido dentro da CIA. Embora haja algumas restrições, os usuários do sistema podem buscar dados e descobrir rastros de informações que eles talvez nem soubessem que existiam. A cultura organizacional da agência está migrando do foco exclusivo na necessidade de saber para o reconhecimento de que o sucesso depende do compartilhamento. A WIRe está mais voltada para a inteligência do que para os cadeados e paredes colocados entre os grupos.

---

27 G. Fowler em entrevista com os autores em 2009.

O interesse e o trabalho da CIA com as ferramentas de mídia social nos inspiram. A atenção simultânea da agência com divulgação e segurança lembrou-nos, na redação deste livro, que os sistemas devem ser facilitadores da aprendizagem – nem portões fechados, nem megafones. As mídias sociais podem e devem oferecer um canal de acesso para aquilo que as pessoas necessitam para tomar decisões bem embasadas. Trabalhando juntos, cada um de nós, como pedras atiradas em um lago, podemos causar agitações e ondas.

Carregue o barco.

2

Pavimentando a estrada das comunidades online

Ao permitir conexões entre os colaboradores, as organizações podem facilitar arranjos customizados de trabalho, estabelecer equipes virtuais, capacitar mais depressa os mais novos da equipe, melhorar a colaboração e aumentar a retenção de talentos que antes não tinham um sentimento forte de pertencer à empresa. — Patricia Romeo, Líder do D Street na Deloitte

Patricia Romeo não esperava por aquilo quando entrou na Deloitte,[1] uma organização cujo principal ativo está nas pessoas. Ela sentia que perderia a camaradagem e o bate-papo que, às vezes, a contrariavam e distraíam nos seus empregos anteriores. Já instalada em Cincinnati (Ohio) e frequentemente trabalhando em seu *home office*, Patricia sentia falta da agitação.[2]

Aparentemente, outros colaboradores da Deloitte também sentiam essa falta, porque, quando Patricia começou a investigar, descobriu que milhares de pessoas da empresa estavam usando ferramentas de rede social, como o Facebook e o LinkedIn, para se conectar e socializar. Os líderes da empresa começavam a ficar preocupados. Essas conexões feitas fora do *firewall* da rede da empresa poderiam expor sua propriedade intelectual para quem quisesse ver. Para uma organização que se orgulha desse capital intelectual, isto era alarmante, ainda que os líderes vissem que os colaboradores estavam entusiasmados com essa nova forma de trabalhar juntos. E, ao contrário do que temiam alguns gestores, as redes sociais ajudavam, em vez de atrapalhar, a produtividade.

---

1 Neste livro, "Deloitte" refere-se à Deloitte LPP e suas subsidiárias, cuja estrutura legal detalhada pode ser acessada em: www.deloitte.com/us/about.

2 P. Romeo em entrevista aos autores em 2009.

Começamos este capítulo sobre as comunidades online com o exemplo da Deloitte porque não se trata de uma dessas empresas de alta tecnologia do Vale do Silício, das quais se espera ver práticas da era digital. No entanto, ela enfrenta desafios típicos de muitas organizações atuais – equipes espalhadas e divididas que se sentem desconectadas, capital intelectual que precisa ser compartilhado de forma seletiva com os colaboradores e uma força de trabalho cada vez mais jovem, que tem expectativa de poder trabalhar com ferramentas tecnológicas.

> As pessoas da Deloitte, que tinham uma necessidade natural de conexão, encontraram as ferramentas da internet gratuitas, fáceis de usar e cada vez mais populares. Por conta própria, os colaboradores estavam criando comunidades técnicas para trabalhar mais depressa, para acessar o conhecimento dos outros e conectar-se com os colegas em todas as partes do mundo. Enquanto isso, a Deloitte estava desperdiçando a chance de colocar essas poderosas ferramentas para trabalhar em benefício da empresa.

As pessoas da Deloitte, que tinham uma necessidade natural de conexão, encontraram as ferramentas da internet gratuitas, fáceis de usar e cada vez mais populares. Por conta própria, os colaboradores estavam criando comunidades técnicas para trabalhar mais depressa, para acessar o conhecimento dos outros e conectar-se com os colegas em todas as partes do mundo. Enquanto isso, a Deloitte estava desperdiçando a chance de colocar essas poderosas ferramentas para trabalhar em benefício da empresa.

Alguns anos antes, a Deloitte conduzira uma extensiva pesquisa a respeito do ambiente de trabalho do futuro. Foi realizado um estudo de sete anos sobre as mudanças demográficas e as tendências de atitude da força de trabalho. Eles observaram que "organizações de todos os tipos e tamanhos têm muito a aprender se quiserem atrair e reter os talentos necessários para serem bem-sucedidas. E, a propósito, não se trata unicamente da geração Y, envolve todo mundo da força de trabalho". Quando esses novos desafios surgiram, eles indicaram que havia maneiras práticas de a Deloitte ajustar seus processos, beneficiando todos.[3]

O elemento central desse ambiente de trabalho do futuro é uma comunidade online, que opera dentro do *firewall* da rede de computadores da empresa e que hoje é gerenciada por Patricia. O espaço virtual é chamado de "D Street" porque, na rua principal de qualquer cidade do mundo, as pessoas já conhecem as normas e convenções, o que facilita o uso dessa metáfora para estarem juntos online.

---

3 Smith, W.S. *Decoding Generational Differences: Fact, Fiction…Or Should We Just Get Back to Work?* Deloitte Development LLC, 2008. Disponível em http://www.deloitte.com/assets/Dcom-UnitedStates/Local%20Assets/Documents/us_Talent_DecodingGenerationalDifferences.pdf . Acesso em 22/7/2010.

Com o apoio das lideranças e o trabalho das áreas de TI, de comunicação e de gestão do conhecimento, a versão alfa da D Street foi colocada em operação para 1.500 colaboradores em meados de 2007. Após alguns meses, o uso se consolidou e a comunidade foi estendida para o restante da organização.

O CEO da Deloitte Financial Advisory Services LPP, David Williams, dissemina sua visão e sua estratégia em um blog da D Street.

Chet Wood, presidente e CEO da Deloitte Tax LPP, afirma: "Com a D Street, eu tenho uma percepção muito maior do que anda pela cabeça dos nossos colaboradores. Oferecemos uma plataforma única de engajamento em um diálogo bastante pessoal e sincero".[4]

As pessoas dizem que entram na D Street porque isso faz com que uma organização imensa pareça mais compacta; elas podem conhecer os outros colegas mesmo trabalhando com eles a distância; podem captar um pouco sobre seus gostos, desgostos, seus *hobbies* e interesses, o que contribui para construir uma harmonia. Com essa capacidade de relacionamento virtual, os colaboradores sentem-se como parte de algo maior do que eles mesmos e do que suas equipes.

As expressões *comunidade online* e *rede social* são usadas neste livro para definir algo similar. Há poucos anos, um espaço como o Facebook era chamado de comunidade online ou de comunidade de internet. Hoje em dia, espaços como a D Street são denominados redes sociais. Tecnicamente falando, as comunidades online viabilizam o acesso de qualquer um, dentro do espaço virtual, a qualquer pessoa que também esteja lá. Uma rede social exige uma conexão (alguém da sua rede de relacionamentos) que possa pavimentar o caminho para que você encontre outra pessoa.

Capacidades comunitárias

Os perfis de seus participantes são um fator central de qualquer comunidade online. Visualizar o perfil de uma pessoa corresponde à mesma sensação de visitar o escritório dela – percepção que se completa com as fotos dos filhos sobre a mesa, os diplomas e prêmios nas paredes.

Rachel Happe, diretora da The Community Roundtable, uma comunidade de gestores de comunidades e técnicos em mídias sociais, reforça esse ponto: "As comunidades basicamente dizem respeito a relacionamentos de aprendizagem entre pares, então as comunidades online devem ser criadas em torno de indivíduos. Quanto maior for a habilidade de compartilhamento – pessoal e profissional – de seus perfis

---
[4] Citação do blog de Chet Wood em seu perfil na D Street.

e conteúdos, maior será o potencial de a comunidade promover conexões que proporcionem resultados de negócios". [5]

Para evitar que sejam solicitadas informações já disponíveis na organização, os perfis são previamente preenchidos com detalhes básicos, como nome, cargo e informações de contato existentes no banco de dados da Deloitte. No idioma da web, a D Street é um *mashup* que pega dados existentes e os combina com o conteúdo gerado pelos colaboradores.

Os perfis na D Street: um exemplo da comunidade virtual da Deloitte

Cada perfil na D Street contém:

- A localização geográfica, cargo, informações de contato, atribuições e setor;
- Afiliações, certificações e especializações;
- Currículo, link para publicações e um blog;
- Sua participação em programas da Deloitte e em grupos de afinidade;
- Interesses pessoais e listas de favoritos;
- Colegas com link para seus perfis;
- Colegas em comum;
- Formação, diplomas e empregos anteriores;
- Um mural para que os visitantes deixem comentários, perguntas e mensagens;
- Restaurantes e outras dicas locais para visitantes.

Os perfis crescem de acordo com a facilidade de serem encontrados. Graças à inclusão do setor de especialização de cada pessoa, os colegas podem encontrar bem depressa um especialista da área de saúde que fale francês ou alguém do setor de logística que fale espanhol. Os colaboradores podem personalizar seus perfis com fotografias, inserir links para suas páginas no Facebook ou no LinkedIn. Um perfil ainda pode incluir textos escritos pela pessoa, desde que estejam disponíveis no sistema de gestão do conhecimento da empresa. Essa funcionalidade fez aumentar o volume de profissionais compartilhando conteúdo com a gestão do conhecimento da empresa.

---

5 R. Happe em entrevista com os autores em 2009.

A D Street também possibilita que os profissionais apresentem um colega a outro, façam listas de integrantes de redes sociais externas e escrevam blogs. Eles podem deixar comentários e procurar pessoas que dividam os mesmos interesses. Por exemplo, um colaborador que busque "Enterprise 2.0" encontrará outras pessoas interessadas neste assunto e também informações para contatá-las. Com apenas alguns toques no teclado, alguém pode trocar ideias em comunidades de pais de gêmeos ou de trabalhadores latinos do meio-oeste dos Estados Unidos.

Novos contratados podem facilmente localizar cinco colaboradores que frequentaram a mesma faculdade, três que já trabalharam para uma mesma empresa e dois que cresceram na mesma cidadezinha. Além disso, sempre que alguém com pontos em comum entrar para a empresa, o colaborador receberá um alerta. Com a possibilidade de fazer esse tipo de conexão, a frieza e a impessoalidade rapidamente se transformam numa calorosa acolhida.

As comunidades olham para a frente

Um programa de pesquisa do Institute for Knowledge-Based Organizations da IBM, que também conta com o trabalho da The Network Roundtable, sob a liderança de Rob Cross, da Universidade da Virgínia, e Bill Kahn, da Universidade de Boston, revelou que as pessoas mais conectadas têm vantagens na performance, na aprendizagem e na tomada de decisão. A pesquisa mostrou que as pessoas usam as comunidades para encontrar outras que lhes proporcionem recursos, desenvolvimento de carreira, apoio pessoal e contexto. A profundidade e a abrangência desses relacionamentos – sejam aleatórios ou planejados – predizem a capacidade de performance, inovação, comprometimento e satisfação com o trabalho.[6]

> Pelo fato de as comunidades online não serem limitadas pela exigência da presença física, temos uma flexibilidade maior para se conectar, congregar e aprender com pessoas que têm interesses semelhantes – não importa onde estejam.

Jamie Pappas, gerente da comunidade interna online da EMC, chamada EMC/ONE, afirma que sua tarefa favorita no trabalho é "conectar pessoas cujos caminhos poderiam jamais se cruzar e permitir que elas tirem lições valiosas umas das outras, troquem informações que tornem suas vidas mais fáceis e aprendam a desfrutar mais daquilo pelo que são apaixonadas".[7]

---

6 Para mais informações sobre The Community Value Project, acesse: http://domino.research.ibm.com/cambridge/research.nsf/99751d8eb5a20c1f852568db004efc90/47d70b4f5634346685256e200067b05a?OpenDocument e www.crossanalytics.com

7 Para saber mais sobre a comunidade online da EMC, acesse: http://jamiepappas.typepad.com

A comunidade, aquele local em que vivemos, trabalhamos e realizamos coisas junto com outras pessoas, é um conceito que a maioria de nós aprendeu e colocou em uso quando ainda era muito jovem. Derivada do latim, a palavra comunidade sugere um sentido geral de reciprocidade, altruísmo e benefícios que resultam do fazer em conjunto. A velha cidade de Mombasa, no Quênia; os fás do time de futebol americano Green Bay Packers, que assistem aos jogos usando um boné em formato de fatia de queijo; e os malabaristas de todo o mundo, são exemplos de comunidades. Cada tipo tem sua própria linguagem, rituais, costumes e memória coletiva. Na maioria dos casos, o compartilhamento é a norma, e as pessoas escolhem quais informações querem dividir.

Quando as pessoas se referem a comunidades no mundo conturbado de hoje, geralmente estão manifestando também a esperança de reviver os laços sólidos que pareciam existir entre as pessoas de eras passadas. Don Cohen e Larry Prusak, autores de *In Good Company: How Social Capital Makes Organizations Work*, afirmam que, nos negócios, quando falamos em comunidade, nos damos conta de que as empresas e as pessoas que as administram não existem em um vácuo social destituído de amarras, histórias, lealdades e valores que podem influenciar suas ações. Existe também similaridade entre a forma como as pessoas têm aprendido em suas comunidades ao longo do tempo e como elas aprendem nas organizações.[8]

Pelo fato de as comunidades online não serem limitadas pela exigência da presença física, temos uma flexibilidade maior para se conectar, congregar e aprender com pessoas que têm interesses semelhantes, não importa onde estejam. Sendo assim, a comunidade pode ser um valor em si; um estar junto que oferece os benefícios do pertencimento, do compromisso, da mutualidade e da confiança. São ambientes em que as pessoas são livres para aprender.

Temos trabalhado lado a lado com outras pessoas desde os tempos do jardim de infância, mas havia limitações do quanto e de até onde podíamos compartilhar. Entre nós, alguns foram para escolas em que conversar com os colegas era uma atitude desencorajada. Alguns de nós já trabalharam para patrões que deixavam claro que falar com um colega não era trabalhar. E a maioria de nós estava por conta própria quando precisava aprender no ambiente de trabalho.

A rede de área local abriu uma nova era para os softwares de comunicação, como e-mails, mensagens instantâneas e bancos de dados do Lotus Notes. Nós ainda estávamos separados por paredes, mas começamos a alcançar além delas para compartilhar o que fazemos, perguntar, enviar detalhes e misturar nossas ideias online.

---

8 Cohen, D. e Prusak, L. *In Good Company: How Social Capital Makes Organizations Work*. Harvard Business Press, 1991.

Essas ferramentas se tornaram o meio pelo qual as pessoas passaram a contribuir para formar um corpo de conhecimento. Poucos de nós têm tempo para escrever ou postar para um sistema de gestão do conhecimento sobre o que estamos realizando. E, quando o fazemos, é complicado para os outros acessar os dados, mais ainda para usá-los.

Mesmo diante desses desafios, cresceu a ideia de transformar tudo em objetos, bits e blocos de informações que pudessem ser reutilizados para criar algo além. Com tamanhos e formatos padronizados, você se torna capaz de juntar quase tudo o que precisa.

No entanto, isso ainda deixava de fora o nosso conhecimento tácito – aquilo que é difícil de comunicar por escrito ou falando, mas que aprendemos ao observar o outro e fazendo na prática. O que as pessoas mais desejam é a oportunidade de aprender com as outras, estar lado a lado, obtendo informações objetivas e sabedoria dentro de um contexto. O que mais poderia ter mantido o uso de salas de aulas muitas décadas depois de já conhecermos suas limitações? Nós valorizamos a oportunidade de perceber que não estamos sozinhos; há pessoas em que podemos nos apoiar, aprender com elas, interagir e confiar que nos ajudarão.

Em um estudo que se tornou um marco, Richard J. Light, da Harvard Graduate School of Education, descobriu que um dos fatores mais determinantes do sucesso de um estudante no ensino superior – mais importante do que o estilo de ensinar de seus professores – é sua capacidade de formar ou participar de pequenos grupos de estudo. As pessoas que estudam em grupo – mesmo que uma vez por semana – são mais engajadas em seus estudos, vão mais preparadas para as aulas e aprendem significativamente mais do que aquelas que trabalham sozinhas.[9]

A pesquisa demográfica na Deloitte revela algo semelhante: as pessoas que podiam buscar ajuda de outras pelos canais online sentem-se mais enraizadas – mais do que aquelas que não se conectam online –, permanecem mais tempo no emprego e produzem resultados mais consistentes.[10] Os criadores da D Street reconheceram as vantagens de cultivar uma cultura de aprendizagem recíproca.

Crie um exemplo de comunidade online

As comunidades online podem construir uma ponte entre o clima que atualmente existe na sua empresa e aquele que você pretende incentivar – um ambiente no qual as pessoas querem aprender com as demais porque todos confiam uns nos outros. Elas querem ouvir pessoas parecidas com elas, que enfrentam as mesmas decisões,

---

9 Light, R. J. *Making the Most of College: Students Speak Their Minds*. Harvard University Press, 2001.
10 Smith, W. S. *Decoding Generational Differences*. Deloitte LLP, 2008.

os mesmos desafios e as mesmas opções. Como dizia Babe Ruth:[11] "Você pode ter o melhor grupo de estrelas individuais do mundo, mas, se não jogarem juntos, o time não valerá um níquel". A maneira coletiva de jogar é o que determina o sucesso de uma equipe.

Mais que utilizar as comunidades online para duplicar programas e processos que já funcionam bem, olhe para os pontos fracos da sua empresa. De acordo com Mikolaj Jan Piskorski, professor da Harvard Business School, as comunidades online são mais úteis quanto apontam falhas na operação das comunidades offline.[12]

Embora as recomendações a seguir não formem uma lista completa de desafios que as pessoas e as organizações querem superar, representam parte das questões mais comuns que elas têm de encarar.

Ponha seu conhecimento em uso

A Sabre Holdings, proprietária do Travelocity e de vários outros sistemas de reservas de viagens pelo mundo, criou uma comunidade online interna – SabreTown – para facilitar a aprendizagem e a comunicação, avançando na solução de problemas que ainda hoje detêm muitas empresas.

"A meta era oferecer uma ferramenta interna de *networking* profissional para que os colaboradores pudessem se conectar fácil e rapidamente", afirma Erik Johnson, gerente geral do software desenvolvido para a SabreTown. Na época em que a ferramenta estava sendo criada, a Sabre Holding deixava de ser uma pequena operação nos Estados Unidos para se tornar uma companhia com 10 mil colaboradores em 59 países – boa parte deles começando a se sentir desconectada dos colegas e das informações importantes.[13]

Para usar a SabreTown, os colaboradores preenchem um perfil com seus principais interesses e especializações. Quando alguém posta uma pergunta no mural online, o aplicativo antecipatório do sistema envia automaticamente a questão para as 15 pessoas cuja expertise é mais relevante sobre o assunto. Quanto mais pessoas preenchem o perfil, quanto mais perguntas são feitas e respondidas, mais o sistema se torna capaz de endereçar as questões adequadamente.

"Você tem uma chance muito maior de receber uma resposta útil se sua pergunta é feita não só para gente que você já conhece, mas também para as pessoas que têm o conhecimento mais relevante", explica Johnson.

---

11 Babe Ruth, um dos mais famosos jogadores profissionais de baseball dos Estados Unidos, falecido em 1948. (N. T.)

12 Silverthorn, S. *Understanding Users of Social Networks*. Disponível em http://hbswk.hbs.edu/item/6156.html. Acesso em 22/7/2010

13 P. Galagan - *Letting Go*, na revista *T+D, da ASTD*, setembro de 2009.

A SabreTown já recebe o crédito de ter poupado bastante dinheiro para a empresa. Foi identificada uma economia de 500 mil dólares no primeiro ano, mas essa quantia não chega nem perto de representar o total economizado. Johnson atribui parte do sucesso do site ao fato de a diretoria ter deixado seu controle na mão dos colaboradores que estão na linha de frente da operação. Ele afirma: "Um grande benefício para nós é que a SabreTown está efetivamente criando uma base sólida de conhecimento, que os colaboradores constroem com suas próprias informações".

"Quanto mais puder saber sobre as pessoas com quem você trabalha e aquilo que elas valorizam, ou não, mais fácil será enviar mensagens bem direcionadas e customizadas, oferecendo a elas algo realmente de valor", conclui Ric Merrifield, cientista de negócios da Microsoft e autor de *Rethink*.[14]

Fique por dentro, mantenha-se alerta

Uma medida bastante comum da satisfação dos colaboradores é em que extensão as pessoas sentem que sabem o que está acontecendo na empresa. Isso, em parte, é uma medida de quão bem os líderes se comunicam. Também é representativa de quanta informação é compartilhada entre os próprios colaboradores – mas isso pode ser uma rampa escorregadia. Todos nós queremos estar informados sobre o que ocorre à nossa volta, mas poucos têm tempo de aprender com os outros no trabalho, e muito menos de compartilhar o que estão fazendo.

É nesse ponto que as comunidades online desempenham um papel crescente. Suas ferramentas de busca ajudam a encontrar as pessoas com quem você deseja aprender e enviam sinais de alerta quando o trabalho delas de alguma forma se envolve com o seu. O microcompartilhamento, os blogs e até os perfis podem oferecer uma maneira rápida de atualizar outras pessoas e de ser atualizado em tempo real, dando a essas comunidades uma percepção de imediatismo que você não consegue nem com os e-mails. As comunidades online criam ambientes de alerta, que é como os cientistas sociais chamam esse tipo de contato online ininterrupto. Eles explicam que é como estar próximo fisicamente de alguém e observar sua disposição por meio dos seus atos – linguagem corporal, olhares e comentários – com o canto dos olhos.

Clive Thompson, que escreve sobre ciência, tecnologia e cultura para a revista *Wired* e para o jornal *The New York Times*, chama isso de "o paradoxo do ambiente de alerta": "Cada pequena atualização – cada pedacinho individual de informação social – é insignificante por si só, até bem prosaica. Mas colocados

---

14 Merrifield, R. *Rethink: A Business Manifesto for Cutting Costs and Boosting Innovation*. Pearson, 2009.

juntos ao longo do tempo, os pequenos fragmentos se unem para formar um retrato surpreendentemente sofisticado da vida de cada colega, como se fossem os milhares de pontos que formam um quadro pontilhista. A informação sobre o ambiente se torna uma espécie de percepção extrassensorial, uma dimensão invisível flutuando sobre nós".[15]

Clay Shirky, autor dos livros *Here Comes Everybody* e *Cognitive Surplus*, refere-se à "autoridade do algoritmo", querendo dizer que, se muitas pessoas estão indicando a mesma coisa ao mesmo tempo, provavelmente vale a pena prestar atenção.[16]

Essa atualização constante lhe parece uma porção de gente sem nada melhor para fazer? Paula Thornton, designer e arquiteta de Enterprise 2.0, declara: "No mundo das máquinas, ninguém imagina eliminar as esteiras rolantes das linhas de montagem. As atualizações são as esteiras rolantes da informação numa empresa de serviços".[17]

As esteiras rolantes da informação devem interessar a toda organização com uma ampla força de trabalho, porque ajudam com a dinâmica, a eficiência e a agilidade características de empresas pequenas. Elas aumentam a atenção das pessoas na companhia e, dessa forma, favorecem a aprendizagem, a colaboração e a inovação.

Os espaços online ricos em informação sobre o ambiente de trabalho ampliam o conhecimento tácito compartilhado porque fazem com que o indivíduo se mantenha alerta ao que os outros estão fazendo, de uma maneira que nunca foi possível antes.

Contribua para o debate

Leva em média nove meses para que os novos colaboradores sintam que já sabem o suficiente sobre seu trabalho na nova empresa e, com isso, participarem de uma forma colaborativa. A essa altura, muitos dos melhores *insights* dos recém-chegados (o que os budistas chamam de "mente de principiante") e sua experiência prática de terem trabalhado em outro lugar já estão adaptados à nova realidade.

E o que dizer das pessoas que são bastante inteligentes e fazem um ótimo trabalho, mas não são muito inclinadas a compartilhar o que sabem ou o que estão fazendo? Pense na enorme contribuição que podem dar, se essas pessoas tiverem um canal de compartilhamento em que se sintam confortáveis.

O intercâmbio online dá aos colaboradores a oportunidade de aumentar a própria visibilidade na companhia e possibilita que os gestores identifiquem talentos onde nunca imaginaram.

---

15 Thompson, C. *Brave New World of Digital Intimacy*, artigo publicado no jornal *The New York Times*, em 5/9/2008.

16 C. Shirky. *A Speculative Post on the Idea of Algorithmic Authority*. Disponível em http://www.shirky.com/weblog/2009/11/a-speculative-post-on-the-idea-of-algorithmic-authority/. Acesso em 18/6/2010.

17 P. Thornton em entrevista com os autores em 2009.

A empresa de consultoria Booz Allen Hamilton criou o hello.bah.com, um portal interno com perfil de comunidade online, para permitir que os colaboradores usem os recursos de blogs, participem em wikis, localizem mentores, construam uma imagem de expert em determinado assunto, relacionem-se com colegas de escritórios espalhados pelos Estados Unidos – e se divirtam no processo. Como muitos dos colaboradores da empresa não trabalham o tempo todo no escritório da Booz Allen, o site está focado realmente na interconexão, explica a associada Megan Murray. "O hello.bah.com remove as barreiras geográficas, o que é especialmente importante para os novos contratados e para os que estão alocados dentro dos escritórios dos clientes. O site faz conexões dentro da empresa e as torna visíveis, de modo que você encontra boas informações rapidamente e começa com o pé direito logo no primeiro dia."[18]

A comunidade online da Best Buy, que se chama BlueShirt Nation, foi vista primeiramente como um site para colher ideias de marketing dos colaboradores que trabalham em suas lojas. "A promessa de ser capaz de 'ouvir' 140 mil colaboradores, usando a mágica do computador, era realmente muito atraente para nós", afirma Gary Koelling, que dirige o espaço online.[19] Uma vez que os colaboradores já estavam conectados, o site começou a oferecer ideias e abrir discussões sobre temas que foram muito além do marketing. Por exemplo, quando um colaborador postou o que achava sobre os benefícios que surgiriam se todas as pessoas que trabalham em tempo integral na empresa tivessem acesso a e-mail, deu início a um debate que acabou conduzindo à implantação da medida. O Loop Marketplace é um espaço do site no qual os colaboradores podem postar suas ideias e os gestores podem fazer "a colheita".

As comunidades online proporcionam um diálogo em tempo real entre os colaboradores e os gestores, elevando o patamar de transparência das empresas de uma forma que não teria como existir antes. Possibilitam que os colaboradores assumam ativamente a responsabilidade pela estruturação e a reestruturação das organizações para as quais trabalham.

Crie oportunidades de reflexão

As mídias sociais, por sua natureza e como o próprio nome indica, implicam uma conexão externa. Olhe para fora. Olhe para cima. Olhe em volta. E que tal dar uma olhada para dentro? As comunidades online oferecem benefícios intrapessoais para aqueles que prestam atenção ao que podem aprender consigo mesmos.

---

18 Booz Allen Hamilton. *Employees Connect, Contribute on Enterprise 2.0 Portal*. Disponível em http://www.boozallen.com/about/article_news-ideas/42033790. Acesso em 18/6/2010.
19 G. Koelling em entrevista com os autores em 2009.

Embora a visibilidade pública da comunidade online seja inquietante, há um resultado bastante positivo da atualização contínua: uma cultura de pessoas que sabem muito mais sobre elas mesmas. Muitos com quem conversamos a respeito do uso das mídias sociais descreveram um inesperado efeito colateral de autoconhecimento. Ou seja, parar diversas vezes ao dia para observar o que você está sentindo ou pensando pode se tornar, depois de semanas e semanas, uma espécie de ação filosófica. É como o conceito zen de "consciência plena".

Contar com uma audiência online para as próprias reflexões pode induzir a pessoa a trabalhar duro nisso, conseguindo descrevê-las de modo mais preciso e interessante – a atualização de status como uma forma literária.

Laura Fitton, fundadora do site oneforty e coautora do livro *Twitter for Dummies*, indica que suas constantes atualizações de status até a tornaram "uma pessoa mais feliz e mais calma", porque o processo de, por exemplo, descrever uma péssima manhã de trabalho faz com que ela tenha de olhar o fato com maior objetividade. "Isso leva você para fora da sua cabeça", ela garante.[20] Em uma era de consciência virtual, talvez a pessoa que você veja mais claramente seja você mesmo.

Quem você influencia? Dê uma olhada nas pessoas que escreveram em seu livro de convidados ou em quem escolheu segui-lo e, assim, começará a ter uma ideia de quem também tem interesse nas áreas que são seu foco. Alguém que é alvo de sua admiração há bastante tempo pode estar olhando agora o que você faz; alguém com quem nunca imaginou falar de algo que lhe é muito importante pode se pronunciar quando você menos espera.

Alguém que segue você pode solicitar um esclarecimento ou um aprofundamento na teoria quando você explica algo. Isso pode ajudar a aprimorar seu texto ou reorientar seu trabalho de forma a se tornar mais prático.

Estabeleça confiança

Em qualquer relacionamento – pessoal ou organizacional –, a confiança só se estabelece com ações e ao longo do tempo. As pessoas exigem algum grau de confiança antes que sejam capazes ou tenham disposição para aprender alguma coisa com outras. Cada um de nós procura formas de determinar se podemos confiar nos colegas de trabalho – o suficiente para acreditar no que eles compartilham.

As comunidades online incentivam o relacionamento entre pessoas de múltiplas linhas de serviços, localizações geográficas e afiliações. Podemos construir e conquistar a confiança de gente com quem nunca nos encontramos antes.

---

20 L. Fitton em entrevista com os autores em 2009.

Em larga escala, os sociólogos têm estudado a confiança em comunidades. Eles descobriram que a interação positiva contínua, um sentido de "identidade" e a consideração às opiniões dos outros são atitudes-chave para ganhar confiança.

Saber um pouco sobre a outra pessoa antes de encontrá-la face a face estimula a autenticidade, além de ser um bom começo para a confiança. É como se a conhecêssemos há um bom tempo e já pudéssemos saltar direto para o estágio de trabalhar em dupla, aprender com ela e fazer juntos tudo o que tivermos vontade. As atualizações rápidas e constantes, que criam um estado de percepção total do ambiente, vão se acumulando ao longo do tempo e nós começamos a confiar e a demonstrar que somos confiáveis.

> As comunidades online incentivam o relacionamento entre pessoas de múltiplas linhas de serviços, localizações geográficas e afiliações. Podemos construir e conquistar a confiança de gente com quem nunca nos encontramos antes.

Confiar nos outros também ajuda no trabalho a distância. Os profissionais na IBM, na Deloitte e praticamente em todas as empresas contatadas falaram da facilidade com que as pessoas tomam parte em equipes virtuais, nas quais criam uma base de conforto na relação com as outras antes mesmo que o trabalho comece.

A construção da confiança aumenta a eficiência e auxilia na solução de conflitos. Cliff Figallo, autor do livro *Hosting Web Communities: Building Relationships, Increasing Customer Loyalty and Maintaining A Competitive Edge*, falou sobre isso de uma forma bonita: "A confiança é o lubrificante social que torna a comunidade possível".[21] E permite que a aprendizagem ocorra nessas comunidades.

A confiança em um relacionamento determina em grande parte com que grau de eficiência você será capaz de aprender com uma pessoa. Em um relacionamento sem desconfiança, há mais probabilidade de você ouvir e acreditar no que o outro diz; ou seja, confiamos na sua competência e, por isso, permitimos que ele influencie nosso pensamento. Relacionamentos confiáveis também nos dão liberdade para fazer perguntas que revelam nossa falta de conhecimento, porque acreditamos na boa-fé das pessoas em relação a nós. Mais do que simples simpatia, a construção da confiança nas redes de relacionamento tem muito a ver com nossa capacidade individual de aprender e a habilidade de toda uma organização de aprender e de se aprimorar.

---

21 Figallo, C. *Hosting Web Communities: Building Relationships, Increasing Customer Loyalty and Maintaining A Competitive Edge.* Wiley & Sons, 1998.

Decisões embasadas

As boas decisões são o coração e a alma de qualquer empresa ágil e bem-sucedida; e quão mais embasadas, melhores serão. Embora a maioria das pessoas afirme que gostaria de receber *input* de colegas antes de tomar uma decisão, é sempre muito difícil conseguir isso da forma apropriada. Os *inputs* em tempo real para a tomada de decisão são outra forma de como as comunidades online facilitam o que as pessoas aprendem. A possibilidade de acessar o conhecimento tácito de um amplo grupo de pessoas na empresa e fora dela nos permite pedir opiniões, fazer perguntas, conseguir orientação para mais informações e ver referências, testemunhais, *benchmarkings* e atualizações relacionadas ao que precisamos para decidir.

Em um estudo de caso realizado pela IBM, Robin Spencer, pesquisador sênior da Pfizer, afirma que a comunidade online da empresa permite que os profissionais acessem os silos intelectuais e aumentem a sabedoria organizacional mais do que era possível anteriormente. Isso significa que, atualmente, a Pfizer conta com um processo decisório melhor e mais rápido, diminuindo o tempo que leva para chegar ao mercado, o que ajuda a manter a empresa na linha de frente de uma indústria em constante transformação.[22]

Os esforços de mídia social da Pfizer começaram com uma solicitação dos gerentes, que queriam conversar também com os pesquisadores fora de seus grupos específicos de trabalho. Isso criou uma atmosfera mais aberta, na qual se assume que é *ok* abordar alguém e fazer perguntas.

A comunidade torna-se um centro de distribuição viral do conhecimento. Você pode ver quantos de seus colegas recomendaram uma fonte de pesquisa ou o vídeo de uma conferência feita no outro lado do mundo, ou que, simplesmente, participaram de uma conversa. E também como as pessoas fazem *benchmarking* entre si para verificar se as ações que estão adotando são as corretas e se suas decisões estão bem embasadas.

A Pfizer também criou "desafios", com sessões sociais em que centenas e até milhares de pesquisadores debatem assuntos. Spencer enfatiza que, além de armazenar todo o conhecimento guardado na memória das pessoas, esse método cria "calçadas através dos silos organizacionais", que anteriormente não estavam compartilhando conhecimento de forma efetiva.

---

22 *Pfizer's 'Idea Farm' Harvest Innovative Solutions to Business Problems*, estudo de caso da IBM. Disponível em http://www-01.ibm.com/software/success/cssdb.nsf/CS/CCLE-7VC3CY?OpenDocument&Site=default&cty=en_us. Acesso em 18/6/2010.

Aprenda novas tecnologias

Às vezes, parece que se manter atualizado com as novas tecnologias é uma tarefa de tempo integral. Mal aprendemos a usar um aplicativo de software e uma nova versão é lançada, empurrando-nos para mais aprendizagem. As organizações enfrentam esse problema em larga escala porque o trabalho é cada vez mais virtual e a tecnologia de suporte multiplica-se como moscas em frutas.

Com frequência, as empresas assumem uma postura "não-com-o-meu-dinheiro", quando se trata de ensinar os colaboradores a lidar com as novas ferramentas: "Quer aprender como usar toda essa parafernália? É para isso que servem os finais de semana".

Pesquisas sobre aprendizagem experimental demonstram que não há jeito melhor de aprender a fazer uma coisa do que *fazendo*. Se você sabe que os profissionais na sua empresa precisarão ser mais hábeis no trabalho online e na colaboração com colegas pelo modo virtual, não há nada melhor do que começar a trabalhar nisso agora. Como um novo e emergente conjunto de ferramentas, as redes de relacionamentos sociais exigem um nível de experimentação. As pessoas devem tentar abordagens diferentes, ver como se sentem mais confortáveis e receber um retorno que as encoraje a prosseguir.

Um cliente pode ter impressões sobre uma empresa a partir de um contato telefônico, do website, do balcão da loja, de um agente de reservas e de um grande número de outras experiências. Kate Frohling, vice-presidente sênior de gestão de marca da financeira Wells Fargo, afirma: "Para fazer com que os colaboradores não apenas defendam a cultura corporativa, mas falem com a 'nossa voz', é essencial que a conversa com os clientes seja parte do treinamento da Wells Fargo. A experiência dos clientes é nossa prioridade máxima e queremos que seja consistente".[23]

Isso inclui ter familiaridade com as ferramentas digitais que os colaboradores utilizarão com os clientes. Usar blogs, e-mails, Twitter, textos e uma rede social interna faz parte dos programas de treinamento dos colaboradores na Wells Fargo.

Para contar com o máximo possível de gente capaz de usar as ferramentas de mídia social, a equipe de inovação para consumidores da Humana criou uma série de módulos de treinamento autodirigidos, para que os colaboradores aprendam a usá-las sem ficar intimidados. As pessoas podem investir um pouco de seu tempo diário para ganhar velocidade e uma noção de como esses recursos podem ajudá-las. "LinkedIn 15 minutos por dia", por exemplo, dá aos colaboradores a chance de aprender o suficiente para testar sozinhos. Outros cursos de 15 minutos introduzem noções básicas

---

23 Adamson, A. *Companies Should Encourage Social Networking Among Employees.* Disponível em http://www.forbes.com/2009/06/02/charles-schwab-spy-facebook-leadership-cmo-network-adamson.html. Acesso em 18/6/2010.

sobre o Twitter, o YouTube e o Facebook. A equipe também desenvolveu módulos para alimentação e leitura de RSS, blogs, otimização da ferramenta de busca e para campanhas de marketing social. Esses módulos são publicados em um tipo de comunidade online chamada Social Media Commons, estruturada especificamente como um espaço em que as pessoas podem praticar e aprender.

Responda às críticas

Um dos maiores obstáculos para dar início à implantação de comunidades online está naqueles que pensam que esta não é uma boa ideia. A seguir, as objeções mais comuns que ouvimos e como você pode responder a elas.

> Um cliente pode ter impressões sobre uma empresa a partir de um contato telefônico, do website, do balcão da loja, de um agente de reservas e de um grande número de outras experiências. Para fazer com que os colaboradores não apenas defendam a cultura corporativa, mas falem com a voz da sua empresa, faça que a conversa com os clientes seja parte do seu treinamento.

Nossa diretoria nunca vai apoiar a ideia

Poucas pessoas concordam com o que não entendem ou não enxergam valor. Considere alguns dos desafios expostos anteriormente neste capítulo, selecione aqueles em que sua empresa mais precisa de aprimoramento e embase seu caso, explicando como uma comunidade online pode ajudar a atingir esses objetivos.

As pessoas com quem você trabalha podem já ter compreendido os benefícios de uma comunidade online, mas não sabem ainda como proceder. Ao explicar seu objetivo, você talvez consiga abrir a porta para iniciar esse trabalho.

Um estudo corporativo da Society for New Communication Research, chamado *Tribalization of Business*, descobriu que os maiores obstáculos para fazer uma comunidade online funcionar não são a tecnologia nem os recursos financeiros, mas fazer com que as pessoas se envolvam na comunidade (51%), encontrar tempo para gerenciar a comunidade (45%) e atrair gente para a comunidade (34%).[24] A rejeição da diretoria não foi mencionada como um obstáculo. Somente 9% afirmaram que seus gestores não estariam dispostos a compartilhar informações com os membros da comunidade ou não apoiariam a iniciativa.

Lois Kelly, sócia na Beeline Labs e uma das pesquisadoras do estudo, apontou ainda que um medo comum – a perda de controle – "pode não ser uma questão tão grande quanto as pessoas imaginam. Claramente, o maior desafio é focar a co-

---

[24] Society for New Communication Research, Beeline Research e Deloitte. *The Tribalization of Business*. Disponível em http://www.tribalizationofbusiness.com. Acesso em 18/6/2010.

munidade em torno de um propósito com o qual as pessoas desejem contribuir e se envolver. E também usar os recursos certos para promover e dar sustentabilidade à comunidade."

Pessoas desperdiçarão tempo precioso, o que não é bom para os negócios e os resultados financeiros

Em tempos de crise financeira, algumas pessoas parecem se tornar críticas de qualquer atividade – até daquelas que geram a energia necessária para o sucesso. Em grande parte, a inovação e a aprendizagem surgem naqueles pequenos momentos entre as atividades que antes chamávamos de trabalho "verdadeiro".

Quando as pessoas acusarem as mídias sociais de causar queda de produtividade, faça um rápido teste de realidade com elas sobre os métodos que os colaboradores da sua empresa usam atualmente para se comunicar, colaborar e aprender. Provavelmente, os detratores perceberão que esses métodos são basicamente sociais.

O tempo investido em comunidades online precisa ser gerenciado, mas o mesmo pode ser dito das horas gastas ao telefone, usando o e-mail ou em reuniões. O desafio está mais em solucionar a compulsão das pessoas de parecer constantemente ocupadas em vez de realmente fazer o trabalho.

Em nossa pesquisa, verificamos que os primeiros profissionais a adotar as mídias sociais são aqueles com muito conhecimento técnico, que já costumavam ter essas conversas – apenas não tão facilmente nem com tão bons resultados como agora. São os que participavam de conversas por telefone, estavam em grupos de discussão por e-mail ou em fóruns da internet, ou mesmo falavam bastante com as pessoas ao seu redor.

As mídias sociais, incluindo as comunidades online, não são disseminadoras desse comportamento. As pessoas que buscam o próximo grande "ahá!" não são as flores que guardam o perfume para si. Elas já eram suficientemente sociáveis a ponto de saber que fazem o seu melhor justamente quando se engajam com os outros.

Se alguém tem um vício de ficar online, é provável que tenha uma performance pobre por conta das características desse costume. No geral, porém, até uma leve navegada por lazer na internet tem ajudado na concentração dos melhores colaboradores, porque eles têm um tempinho para relaxar e alargar o pensamento.

> Muitos colaboradores já integraram a tecnologia à sua vida pessoal. A habilidade de se conectar é útil para eles e também para seus empregadores. Enquanto seus colegas perdem tempo em reuniões ou em longas conversas telefônicas, eles sintetizam as informações em rápidas mensagens pelo sistema de microcompartilhamento.

Josh Bancroft, defensor e divulgador da tecnologia e blogueiro da Intel, relata uma experiência de uma colega de empresa que precisava realizar um determinado trabalho. Para isso, precisava usar uma parte de um software do qual ninguém no grupo tinha ouvido falar, muito menos sabia usar. Poderia levar meses para aprender sobre o software e concluir a tarefa. Em vez disso, procurou no sistema wiki interno da empresa e encontrou alguém que já tinha feito um trabalho usando o software. Entrou em contato, pediu ajuda e, após poucas semanas, o projeto estava concluído.[25] Quantas páginas de wiki custaram esse ganho de eficiência? Faça a soma não apenas do tempo economizado por um profissional, mas também da vantagem de lançar o projeto mais rapidamente no mercado.

Muitos colaboradores já integraram a tecnologia à sua vida pessoal. A habilidade de se conectar é útil para eles e também para seus empregadores. Enquanto seus colegas perdem tempo em reuniões ou em longas conversas telefônicas, eles sintetizam as informações em rápidas mensagens pelo sistema de microcompartilhamento. E, graças à rede de conexões online, encontram pessoas que podem se tornar amigos verdadeiros ou valiosos colegas de negócios – pessoas que eles não seriam capazes de encontrar na era pré-internet.

Os colaboradores cumprem seus objetivos de trabalho ou não? Conseguem concluir suas tarefas? Em caso positivo, por que alguém deveria se importar se eles passam tempo nas comunidades online? Estando lá, criam relacionamentos e seu próprio espaço na empresa. Ao conhecer mais colegas de trabalho, eles estão, na verdade, conhecendo melhor a empresa.

Os colaboradores revelarão segredos da empresa

As pessoas formam suas próprias comunidades com ou sem o apoio da organização. É difícil monitorar e controlar as informações e os conteúdos que os colaboradores colocam na internet, mas isso não significa que eles não estejam fazendo isso.

Ao criar um espaço para as pessoas trabalharem juntas, aprenderem e se engajarem, você oferece uma alternativa viável de trabalho que não envolve estar no mesmo plano físico.

Muitos líderes organizacionais com os quais conversamos disseram que seus colaboradores se tornaram mais eficientes e fáceis de monitorar (e influenciar) quando dispuseram de um fórum privado para compartilhar ideias, informações e trabalhar em conjunto. Esses espaços aproximam as pessoas, que passam a trabalhar como um time, mesmo sem um empurrãozinho sugestivo da diretoria.

---

25 J. Bancroft em entrevista com os autores em 2009.

A maioria das empresas rastreia quantos colaboradores entram nas comunidades online, com que frequência e quais as páginas e assuntos com maior tráfego. Isso permite que os gestores do site realizem aprimoramentos com base no comportamento real dos usuários. No Intercontinental Hotel Group, por exemplo, o Leaders Lounge é constantemente aperfeiçoado – com base no uso real do site – para repor o conteúdo desenvolvido pela equipe de treinamento com o material feito pelos gestores que usam o site.

Algumas pessoas vão apenas ignorar

Tudo bem se algumas pessoas simplesmente ignorarem. A maioria silenciosa, que raramente dispõe de tempo para publicar um post, ainda assim pode se valorizar tremendamente por conhecer mais a empresa com uma rápida olhadela no site. Pode aprender com aqueles que participam mais ativamente. Nas comunidades, com as ferramentas que automaticamente recomendam conteúdos a partir do que os outros leem, até os mais arredios se tornam colaboradores, mesmo sem terem que entrar na conversa.

Recomendações

Agora é a sua vez de ouvir, observar e aprender com a comunidade física e considerar se as pessoas estarão dispostas a fazer parte de seu trabalho online.

Jamie Pappas, da EMC, oferece as seguintes recomendações para qualquer um interessado em implementar mídias sociais na sua empresa.[26]

Olhe primeiro para dentro

Embora muitas organizações tenham começado a adotar estratégias de mídia social para se comunicar com o público externo, oferecendo ferramentas de interação em seus websites que são voltados para este público, há algumas vantagens em primeiro iniciar o processo internamente. O EMC/ONE foi lançado para dar habilidade aos colaboradores nas ferramentas de mídias sociais e lhes apresentar um novo modo de trabalho. Disponível para todos os colaboradores, terceiros e fornecedores da empresa, que assinaram um acordo de confidencialidade com a EMC, oferece um espaço entre amigos e colegas para entender melhor a terminologia e se sentir mais à vontade com as ferramentas de mídia social. A EMC realizou essa etapa antes de lançar comunidades externas, para que os colaboradores estivessem preparados para o novo nível de engajamento com parceiros de negócios, prospects e clientes.

---

26 J. Pappas em entrevista com os autores em 2009.

Diferencie os benefícios

Você não pode vender a mesma proposta de valor para todos os grupos. O que funciona para o telemarketing não deve valer para a equipe de programadores. Invista tempo para compreender o grupo para o qual você está falando e adapte a mensagem, tornando-a relevante para aquelas pessoas. Não diga apenas que as mídias sociais são ótimas. Conte para as pessoas como elas podem se beneficiar, ampliar sua rede de relacionamentos e se capacitar para realizar novas tarefas. Adequar sua mensagem à sua audiência é fundamental para fazer com que as pessoas percebam o valor das novas ferramentas e do novo modelo de trabalho proposto.

Todo mundo é benvindo

> "Antes do EMC/ONE, eu nem consigo me lembrar de uma época, durante os meus 20 anos de empresa, em que tenha me sentido mais informado, envolvido e confiante em mim mesmo e nos negócios." — John Walton, engenheiro, em entrevista com os autores em 2009

Com as mídias sociais, cada pessoa tem a oportunidade de oferecer seu próprio ponto de vista sobre uma ampla gama de assuntos. Todo mundo na empresa, independente de cargo, título ou foco, pode trazer seus *insights* para o debate. Quanto mais pessoas se unirem, mais informações serão compartilhadas e mais ideias serão geradas, tornando o processo decisório mais bem embasado. Toda essa discussão e colaboração juntas conduzem a um recurso online inestimável para todos os participantes.

Que fique claro: nem tudo é trabalho

As empresas muitas vezes pretendem oferecer uma comunidade ou um conjunto de ferramentas sociais aos colaboradores, mas não querem que as conversas fujam dos temas específicos do trabalho. Como criaturas sociais, as pessoas prosperam por meio de conexões significativas com os outros. Embora a maior parte das conversas deva ter foco profissional, as conexões em cima de variados assuntos podem construir um relacionamento de confiança até mais efetivo do que ficando somente nas áreas ligadas ao trabalho. Pappas revela: "No EMC/ONE, o espaço wiki de recomendação de restaurantes é um dos mais populares e serve para colocar em contato pessoas de departamentos diferentes e de regiões geográficas distantes, que talvez nunca tivessem uma oportunidade de conexão. Funciona como um excelente quebra-gelo e dá aos colaboradores a chance de compartilhar sua opinião de uma maneira que não intimida – principalmente quando se trata dos novos contratados. As pessoas começam um relacionamento compartilhando uma recomendação, e a interação, no fim das contas, facilita a habilidade de aprender sobre outros pontos de vista e talentos existentes na empresa. Também se tornou uma fonte de dicas para a equipe de vendas em visita aos escritórios, que recebe informações de onde jantar ou para onde levar clientes, parceiros e prospects da EMC".

Faça um trabalho que seja importante

Com um *brainstorming*, o diretor de inovação da rede na EMC, Burt Kaliski, e seu time haviam começado a planejar a conferência anual de inovação da empresa, que teria como foco o EMC/ONE. Como fora combinado, a equipe passou a postar os detalhes do evento. Mal haviam acabado de publicar as informações sobre o processo de inscrição de trabalhos para a conferência e receberam mais de 900 inscrições de colaboradores apaixonados pela EMC de diversas partes do mundo. Todos estavam tão confortáveis naquela comunidade que se mostraram ávidos por publicar seus trabalhos no site – abertos para a revisão, comentários e sugestões de outras pessoas.[27]

Ouça e prepare-se para possíveis objeções e preocupações

Você não convencerá ninguém a aderir às comunidades online ignorando ou desautorizando as críticas. Ao ouvi-las, você pode descobrir oportunidades de aprimoramento, explorar melhor o tema e encontrar casos de falhas na comunicação ou falta de conhecimento. Se você conseguir se antecipar e pensar em respostas para algumas objeções antes que elas surjam, terá mais condições de manter o foco da conversa e destacar os benefícios para o grupo com exemplos significativos e estudos de caso.

Compartilhe amor

A atmosfera de qualquer comunidade oferece muito do que novos membros precisam para saber o que esperar dela. Se existem regulamentos demais, as pessoas ficam desencorajadas de participar ou temem que sua participação não seja aceita por falta de aprovação do conteúdo. Se não houver nenhum critério, as pessoas se desencorajam porque não sabem qual é a regra do jogo. Mas, se você tem uma comunidade de mente aberta e acolhe os novos integrantes, outras pessoas vão se sentir confortáveis e confiantes para entrar e contribuir com seus próprios *insights*.

Encoraje os campeões

Algumas pessoas vão se tornar naturalmente os defensores das comunidades online e das mídias sociais dentro da sua empresa. Dê-lhes as boas-vindas e facilite o acesso

---

[27] B. Kaliski em entrevista com os autores em 2009.

para que compartilhem conhecimento, experiências e expertise com os outros. O EMC/ONE tem um programa de mentor voluntário, que encoraja os profissionais a entrar em uma lista de pessoas que podem ser chamadas por qualquer um que precise de ajuda, conselho ou para um *brainstorming*. Campeões têm surgido de todas as partes da organização, de modo que há uma experiência diversificada para compartilhar o que funciona e o que não funciona em diferentes partes da companhia, com clientes, parceiros e em todo o amplo ecossistema servido pela empresa.

A natureza aberta e em tempo real das ferramentas de mídia social faz com que sejam essenciais para educar as pessoas durante o lançamento de alguma iniciativa da empresa. Se as organizações querem que os colaboradores usem as mídias sociais de modo responsável e sob o endosso corporativo, devem deixar claras as "regras de engajamento" e destacar exemplos de como as pessoas devem usá-las em alinhamento com a estratégia da empresa. A EMC desenvolveu um manual robusto com as perguntas mais frequentes, tutoriais, guia de melhores práticas e 101 módulos de introdução, que servem como ponto de partida para que os colaboradores se sintam mais confortáveis com uma base para o engajamento. A empresa também incluiu a consciência em mídias sociais e as melhores práticas em seu programa de treinamento de recém-contratados, para que os colaboradores estejam cientes dessas orientações desde o início.

Incentive o trabalho em equipe

Não há fórmula mágica para saber quantas pessoas, quais departamentos ou níveis hierárquicos devem aprender com as mídias sociais. Mantenha-se aberto para explorar o melhor mix no caso da sua empresa, e também para mudá-lo frequentemente até encontrar o conjunto de pessoas mais adequado às necessidades da sua organização.

Será preciso contar com um profissional específico (ou profissionais) que coordene os esforços de mídias sociais da empresa, além das ferramentas disponíveis para essa utilização. Além disso, o sucesso das mídias sociais na empresa exige uma equipe diversificada e comprometida para servir não apenas aos indivíduos que usarão as ferramentas, mas à organização como um todo.

Na EMC, o Conselho Consultivo de Mídias Sociais aproxima as pessoas responsáveis por implementar e executar a estratégia de mídias sociais no negócio em que trabalham ou na sua região. O conselho é formado por uma equipe multifuncional e de diferentes regiões, que se encontra virtualmente uma vez por mês para colaborar na estratégia social da companhia, trocar ideias e melhores práticas, solucionar desafios e trabalhar em conjunto para ampliar o conhecimento sobre mídias sociais na organização.

"Embarcar em uma iniciativa de comunidade online não é fácil, exige paciência e trabalho duro para ter sucesso, mas é um esforço que vale a pena", diz Papas. "Defina claramente seus objetivos e tenha um interesse verdadeiro em relação às necessidades específicas de negócios do seu público. Comprometa-se a desenvolver parcerias reais com colaboradores e acionistas, elegendo as pessoas com verdadeira paixão pela colaboração comunitária como seus mais poderosos defensores. Se fizer isso, entendendo que flexibilidade e mudança são ingredientes indispensáveis, você encontrará o apoio necessário para continuar pavimentando a estrada que vai levar à sua empresa benefícios que você apenas começou a imaginar."

3

Compartilhe histórias com quem está ao redor, em cima e de fora

As pessoas estão ligadas por pequenas impressões, observações e narrativas que, reunidas, dão forma e substância a seu mundo. Então as comunidades tornam-se um jardim diversificado de histórias conectadas; quão mais profundamente as pessoas as conhecem, mais profundamente conhecem a comunidade. — Dan Pontefract, Diretor sênior de treinamento da TELUS

É hora de subir. Você foi consertar a linha telefônica de um cliente que está sem serviço há horas e já chamou a assistência técnica duas vezes. Mesmo já tendo feito esse trabalho centenas de vezes, agora o clima não está ajudando e uma árvore está muito próxima do local do conserto. Parece que algo está errado. Não seria ruim se mais alguém pudesse chegar àquela área remota, alguém para quem pudesse perguntar como proceder.

Você volta até o caminhão, pega sua câmera de vídeo, aponta-a na direção do local de conserto e narra a situação. Três minutos depois, publica o arquivo digital no sistema de aprendizagem e colaboração da sua empresa, pedindo ajuda. Já se sente melhor, sabendo que não está sozinho. Se duas cabeças pensam melhor do que uma, por que não milhares?

Em dez minutos, colegas de todo o país enviam seus comentários sobre a situação. Um indica um problema em um fio que você não havia notado. Outra sugere uma nova técnica que ela já experimentou, mas que você nunca tinha ouvido falar. Um terceiro lembra uma situação complicada bem parecida, que você mesmo enfrentou, quando seus instintos o levaram à solução.

Excesso de imaginação ou aprendizagem em tempo real na execução de tarefas? Se você trabalha para a TELUS, companhia de telecomunicações com sede em Vancouver, no Canadá, sabe que isso vai além da ficção científica.

Dan Pontefract, diretor sênior de treinamento e colaboração, foi contratado pela TELUS com o propósito imediato de modernizar o programa de treinamento, transformando-o em um mecanismo de mudança rico em mídias e com foco no cliente. Melhor que desenvolver um dispendioso sistema proprietário, ele buscou tecnologias já disponíveis publicamente e direcionou o orçamento para a criação de um sistema útil e amigável – o TELUS Xchange.[1]

Em sua essência, esse sistema é o meio de comunicação para que os 35 mil colaboradores da TELUS em todo o mundo possam contar histórias instrutivas e buscar a ajuda de seus pares. A empresa oferece quatro categorias de serviços de telecomunicações: por cabo, sem fio, satélite e digital, atendendo a 11,8 milhões de clientes no Canadá e em mais 12 países.

Os colaboradores na linha de frente da operação precisam de curtas explicações, que possam acessar de seus caminhões quando estão diante do cliente – para que possam aprender rapidamente enquanto substituem roteadores, instalam sistemas domésticos de telefonia ou realizam instalações customizadas que nunca haviam feito antes.

Ao equipar os técnicos com uma mentalidade de comunicação e uma cultura de colaboração, todos compartilham a responsabilidade de ensinar uns aos outros e têm a oportunidade de buscar ajuda especializada. A força de trabalho torna-se a linha de contato da organização com o que está acontecendo em campo no momento.

Ninguém espera que os vídeos criados pelos colaboradores em campo sejam filmes espetaculares como as obras de Martin Scorsese. O valor está na oportunidade e na habilidade de registrar a ocorrência e o contexto. Os técnicos podem publicar seus vídeos com facilidade, incluindo um pouco de texto e *tags*, para que outras pessoas também encontrem esses filmes sem dificuldade. No caso de determinado vídeo ser potencialmente útil para uma audiência mais ampla ou mais especializada, uma pequena equipe se encarrega de fazer uma pós-produção para editar e tornar os vídeos mais atrativos.

As pessoas podem enviar e revisar comentários, avaliar os vídeos com sinais de polegares para cima ou para baixo e fazer recomendações para outros membros da equipe.

O sistema de treinamento e colaboração tem capacidade de arquivar e distribuir outros conteúdos,

---
[1] D. Pontefract em entrevista com os autores em 2009.

incluindo documentos, transmissões gravadas e simulações. Na TELUS, eles usam ainda o Microsoft Live Meeting, para transmissões ao vivo via web e reuniões virtuais que precisam ser gravadas, o WebEx, para sessões de orientação virtual, e o Cisco Telepresence, que, em reuniões remotas, proporciona a sensação de que as pessoas estão na mesma sala. Essas tecnologias são mais aplicadas em reuniões de equipes e sessões de *coaching* à distância.

Os vídeos e outros conteúdos criados pela equipe da Pontefract podem ser buscados por tópico, categoria ou palavra-chave. Existe uma taxonomia formal e outra informal – esta última denominada *folksonomy* pelo arquiteto da informação Thomas Vander Wal, combinando as palavras *folk* (pessoas) e *taxonomy* (taxonomia).[2] A *folksonomy*, que poderíamos traduzir por classificação popular, agrega ao sistema a maneira orgânica, peculiar e amigável que todos nós usamos para marcar, categorizar e localizar conteúdos com base nos termos que as pessoas costumam usar. Assim, por exemplo, o vídeo sobre a instalação de uma TV TELUS pode ser classificado em relação às categorias de TV por satélite, instalações, TV e cabeamento.

Isso desafia toda ideia preconcebida sobre quem é o produtor e quem é o consumidor de aprendizagem na TELUS. A meta da organização é melhorar competência e discernimento na força de trabalho, capacitando cada um para boas avaliações, tomar decisões rapidamente e melhor atender os clientes.

A organização de Pontefract é responsável por essa visão sob o lema "Aprendizagem 2.0". Ela dá apoio à equipe da TELUS quando e onde for necessário e inclui escolas virtuais de tecnologia, negócios e liderança, cujo conteúdo está disponível num formato de fácil colaboração e consumo.

Os vídeos são bastante utilizados na escola de tecnologia da TELUS e passaram a ser usados também para treinamentos nas áreas de negócios e liderança. Estão no sistema os filmes realizados dentro da própria empresa e alguns de fontes externas. Por exemplo, no TELUS Xchange está um vídeo de John Chambers, CEO da Cisco, discutindo os benefícios das organizações conectadas, que é usado como parte essencial do treinamento em liderança. Antes de criar a visão de "Aprendizagem 2.0", o treinamento na TELUS era predominantemente baseado na sala de aula ou via *e-learning*, com 70% do material desenvolvido ou entregue por fornecedores externos. Diversas unidades de negócios também contavam com suas equipes independentes de treinamento, impedindo qualquer chance de uma visão coerente de mudança.

Como outras empresas de médio e grande portes, a TELUS tinha um arsenal de tecnologia ligado ao treinamento: sistemas de gestão do conhecimento, diversos

---

2 Vander Wal, T. *Folksonomy Coinage and Definition*. Disponível em http://vanderwal.net/folksonomy.html. Acesso em 18/6/2010.

de gestão de aprendizagem, um de gestão empresarial (ERP – *Enterprise Resource Planning*), sistemas de avaliação de performance e plataformas para wiki, blogs, podcasts, vodcasts, intranets, extranets e outras tantas ferramentas de compartilhamento de informações.

O primeiro foco de mudança, implementada por Pontefract, foi desenvolver uma interface unificada comum para todos da empresa, na qual as pessoas pudessem contar suas histórias, aprender e colaborar. Após 12 anos à frente de grandes companhias, ele sabia que os primeiros fatores que promovem uma mudança cultural são as histórias contadas entre as pessoas. É por esta razão que as mídias de compartilhamento foram tão cruciais em seu planejamento.

> Os vídeos são bastante utilizados na escola de tecnologia da TELUS e passaram a ser usados também para treinamentos nas áreas de negócios e liderança. Estão no sistema os filmes realizados dentro da própria empresa e alguns de fontes externas.

Pontefract sabia que uma mudança de cultura exigiria mais do que a simples inclusão de interfaces e ferramentas. Sua equipe também deveria mudar as próprias práticas. Por exemplo, eles decidiram eliminar o Sistema de Gestão de Aprendizagem (SGA), porque reproduzia e equivalia ao treinamento presencial com instrutores somado a sessões de *e-learning*. Em vez disso, adicionaram características do SGA ao TELUS Xchange, que é um sistema com conteúdo voltado para a aprendizagem pela narração de histórias, criado pela empresa e seus colaboradores tendo o vídeo como base.

A comunidade de colaboradores da TELUS seleciona sozinha o que tem valor e é relevante e o que não é. É aqui que começa a nova jornada.

Imagens criam progresso

Compartilhar histórias usando imagens não é novidade. Desenhos em rochas e em paredes de cavernas datam de 40 mil anos atrás. Mesmo antes de se reunirem em comunidades, nossos antepassados já desenhavam imagens para suas narrativas que uniam movimento e significado, transmitindo sua sabedoria através do tempo e do espaço. Essas histórias nos permitiram evoluir pela comunicação de detalhes-chave e mensagens que não poderiam ser transmitidos tão facilmente por outros meios.

Com a redução do preço das câmeras de vídeo de qualidade e a integração de aplicativos de vídeo em dispositivos portáteis, nossa capacidade de compartilhar imagens – estáticas ou em movimento – expandiu-se das trilhas das cavernas para as rotas virtuais globais. Hoje, podemos ver rostos e atividades em desenvolvimento quase tão facilmente quanto ouvimos vozes ao telefone. A narração de histórias, que sempre foi central na condição humana, agora viaja em novas formas de mídia para nos ajudar a se conectar e aprender com os outros.

Tudo que puder ser digitalizado pode ser distribuído e acessado pela internet ou por uma intranet. Vídeos, arquivos de áudio, podcasts, apresentações em slides e imagens digitais são usados para aprimorar os processos de negócios e a colaboração. Enquanto se alargam as bandas e aumenta a capacidade de compressão dos algoritmos, os conteúdos com base em texto migram para imagens em movimento. Simultaneamente, dispositivos de acesso mais poderosos, compactos e portáteis tornam mais fácil a busca de conteúdos relevantes para a aprendizagem sempre que for necessário.

No passado, somente organizações com vultosos orçamentos e alta tecnologia podiam dar vida às histórias corporativas, transmitir informações novas e urgentes à equipe, acessar colaboradores nas regiões mais remotas e ampliar, de forma geral, o impacto das mensagens emitidas.

Hoje em dia, empresas de todos os portes têm condições de bancar a tecnologia para levar o vídeo diretamente à mesa de seus colaboradores. Não é mais preciso confiar nas redes de satélites ou distribuir conteúdo em fitas VHS ou em DVDs, com a vaga esperança de que os colaboradores façam um esforço para assisti-lo.

Os colaboradores agora podem acessar histórias ricas em conteúdo e videoclipes feitos no campo de operações, ou ainda fazer pequenas atualizações ao longo do dia, no estilo das manchetes das redes de notícias. As publicações diárias das empresas estão sendo trocadas por histórias relatadas em blogs, no Twitter e comentadas online por qualquer um.

As mídias de compartilhamento são mais do que uma ferramenta ou um meio de transmissão. Vão além da multimídia do CD-ROM de alguns anos atrás. É uma maneira de incentivar a interação e a sociabilidade e outro modo de cultivar a comunidade – que se estende aos colegas, parceiros, fornecedores, clientes e outras pessoas que interagem no ambiente de trabalho. As mídias de compartilhamento abrem novas possibilidades para interagir, dividir, produzir e colaborar.

A forma de comunicação por vídeos é poderosa e sucinta. As imagens funcionam melhor do que o texto impresso ou digital para transmitir uma visão. Ver um mecânico montando um motor pode ser mais valioso do que ler dez livros sobre o assunto. O vídeo atinge seus olhos, ouvidos e sua imaginação, ajudando-o na projeção de que você mesmo resolva um problema.

O conteúdo criado pelas pessoas proporciona empolgação e *insight*. Como cada vez mais pessoas circulam com smartphones com câmeras de vídeo e instalam webcams e microfones, o conteúdo gerado pelos colaboradores ainda vai render grandes *insights* para as empresas.

Phyllis Myers, produtor do programa *Fresh Air* na rádio NPR, caracterizou os vídeos virais como uma "experiência de compartilhar", em vez da antiga "experiência

> A forma de comunicação por vídeos é poderosa e sucinta. As imagens funcionam melhor do que o texto impresso ou digital para transmitir uma visão. Ver um mecânico montando um motor pode ser mais valioso do que ler dez livros sobre o assunto. O vídeo atinge seus olhos, ouvidos e sua imaginação, ajudando-o na projeção de que você mesmo resolva um problema.

compartilhada", que as redes de transmissão e as editoras geralmente oferecem. Melhor do que esperar por material interessante vindo dos gigantes da mídia, hoje as pessoas vão atrás dos conteúdos que querem.

Elas podem encontrar uma enorme quantidade de vídeos gratuitos à disposição em sites comerciais, incluindo o YouTube e o Vimeo, além de clipes publicados por suas empresas graças a softwares como o Altus.

Se uma imagem vale mais do que mil palavras, vídeos sobre uma infindável variedade de assuntos não têm preço. Uma abordagem de baixo para cima, com os vídeos sendo produzidos por colaboradores, significa que quase tudo relacionado à sua empresa pode ser registrado e compartilhado. Além disso, há o fator YouTube, em que as pessoas celebram igualmente histórias malucas e importantes; se os vídeos são interessantes e autênticos, a audiência estará lá. Como muitos podcasters já entenderam, o conteúdo é mais importante do que a apresentação. Se você tem algo relevante e genuinamente interessante para contar, as pessoas vão assistir.

Mídias sociais são atraentes

Em uma época em que há muito ruído digital e pouco valor, o modo de atrair e reter a atenção é decisivo se você deseja que os outros aprendam. Se você não consegue atrair o interesse das pessoas, qual é a razão de tentar conexão com elas? Os métodos tradicionais de comunicação com colaboradores e clientes são geralmente ignorados no universo de engajamento e entretenimento das mídias sociais.

Embora alguns argumentem que as mídias sociais dispersam a atenção das pessoas, pesquisas mostram que elas podem ser boa parte da solução.

Uma pesquisa realizada com mais de 60 executivos, feita por John Beck e Thomas Davenport no Accenture Institute for Strategic Change, mostrou o que conquistava a atenção desses profissionais durante o período de uma semana.[3] De ponta a ponta, em ordem de importância, os fatores mais associados ao grau de atenção foram:

1. A mensagem é *personalizada.*
2. A mensagem evocou uma resposta *emocional.*

---

3 Davenport, T.; Beck, J. *The Attention Economy: Understanding the New Currency of Business.* Harvard Business School Press, 2001.

3. Veio de fonte *confiável* ou de emissor respeitado.
4. Era *concisa*.

As mídias sociais são fortes em todos esses fatores. As mensagens que tanto eram personalizadas quanto evocavam respostas emocionais tinham duas vezes mais chances de gerar uma resposta.

As melhores ideias para aprimorar os negócios muitas vezes vêm dos colaboradores, parceiros e clientes, porque eles têm interesse direto no seu sucesso e conhecem melhor a sua empresa. Colocar em vídeo a sabedoria coletiva deles é atraente e chama a atenção.

As mídias de compartilhamento encorajam e viabilizam uma comunidade em que as pessoas podem aprender umas com as outras e buscar a contribuição de todos. As mensagens em vídeo que permitem a postagem de comentários diminuem a distância entre os líderes e o ecossistema da organização. As pessoas podem dar *feedback*, fazer perguntas e enviar seus próprios vídeos por meio das ferramentas de comentários, *tags* e compartilhamento.

Por exemplo, uma colaboradora que está planejando sua aposentadoria cria vídeos sobre sua área de especialização. Um alto executivo publica vídeos como mentor dos novos contratados. Um profissional da área técnica filma um passo a passo para explicar um procedimento. O departamento de treinamento solicita aos colaboradores que criem imagens para incorporá-las ao programa de aprendizagem da empresa.

Os vídeos são especialmente bons para apresentar informações de forma sequencial (quando isto ocorre, então é necessário que...) e demonstrar causa-e-efeito (isto ocorre por causa disso...), o que os torna um modo poderoso para mostrar às pessoas o que acontece (a sequência dos eventos) e os porquês (as causas e os efeitos desses eventos). Em um mundo de *hyperlinks* e micromensagens no Twitter, ter uma visão geral do cenário, ou pelo menos uma parte dela, possibilita melhor compreensão do que acontece e por que isso ocorre, o que é fundamental, mas geralmente difícil de discernir.

Crie um exemplo de mídia de compartilhamento

A internet permitiu que as pessoas se tornassem oportunistas de última hora, obtendo a informação no momento em que precisam. Os colaboradores têm essa mesma expectativa no trabalho. Videoclipes curtos, que possam ser vistos no computador ou em aparelhos portáteis, são às vezes a melhor maneira de possibilitar essa experiência rapidamente.

As grandes empresas têm utilizado os recursos de áudio e vídeo há bastante tempo no marketing e em treinamento. O que diferencia as soluções de mídia compartilhada é que podem ser acessadas com toda a liberdade, sem demora e nos locais mais remotos.

As mídias compartilhadas, especialmente com vídeos, podem proporcionar uma maneira cativante de transmitir uma voz humana, rica em emoção e expressão, que instintivamente as pessoas confiam mais do que em palavras no papel ou em fotos. A seguir, algumas das razões pelas quais as organizações estão se voltando para essas mídias.

Elimine as barreiras físicas

Uma pesquisa interna da Marathon Oil, que tem operações espalhadas por três continentes, mostrou que as mensagens transmitidas pelos executivos não atingiam o impacto necessário para informar e inspirar os colaboradores, e que não havia maneiras eficientes de conseguir *feedback*.[4]

A Marathon Oil também enfrentava o desafio de oferecer, por um custo razoável, treinamento efetivo à sua dispersa força de trabalho sobre temas que iam desde os mais complexos da área de TI até como usar corretamente uma máscara de segurança. Durante anos, os colaboradores da Marathon acessavam documentos e apresentações na rede da companhia. Quando a Marathon queria garantir um nível alto de participação, alguém da área de treinamento tinha de visitar os colaboradores em cada local de trabalho. Isso exigia altos gastos e intensos recursos.

Para vencer esse desafio, a Marathon primeiro decidiu realizar sessões de treinamento transmitidas ao vivo por satélite. Depois de várias experiências caras, a companhia substituiu essa iniciativa por uma mídia mais barata e de maior alcance.

Utilizando um estúdio interno de produção, dois servidores dedicados à transmissão e softwares sofisticados para criação e edição de imagens, a Marathon passou a oferecer sessões diárias de treinamento ao vivo via web e uma videoteca com exibições acessíveis sob demanda. As apresentações são por escala e podem atingir todos os colaboradores de uma vez. Geralmente, entre 1.200 e 1.400 colaboradores assistem às transmissões ao vivo e cerca de 8 mil acessam os conteúdos sob demanda.

Essa tecnologia está sendo aplicada para treinamento em áreas como integridade nos negócios, operações de hardware, questões legais, retenção de registros, consultoria em qualidade de vida, saúde, direção defensiva, compromisso com a lei Sarbanes- -Oxley e instrução sobre as atualizações dos softwares. Os vídeos deram personalidade e inflexão de voz aos executivos da Marathon, que agora chegam diretamente aos colaboradores onde quer que estejam.

---

[4] *Marathon Oil Corporation Taps Rich Vein of Streaming Media Content for Educating and Communicating with Its Global Workforce*. Disponível em http://www.accordent.com/documents/caseStudies/marathon.pdf. Acesso em 18/6/2010.

Faça conexão com os outros

Quase uma década atrás, a Nokia iniciou um fórum aberto de discussão, chamado Jazz Café, para qualquer pessoa da empresa postar perguntas à área de recursos humanos da empresa. O site tornou-se um dos serviços mais populares da companhia, e permanece vivo e ativo até hoje.

Poucos anos depois, a companhia distribuiu plataformas wiki para a equipe de pesquisa e desenvolvimento e, em seguida, um diretório online, que possibilitava aos colaboradores subir fotos, escrever a própria biografia, importar dados do sistema de gestão de recursos e se vincular a blogs.

Posteriormente, a Nokia criou o News Hub, um portal que filtra todas as notícias corporativas. Todo colaborador pode comentar os artigos e classificá-los positiva ou negativamente. Quando há alguma notícia particularmente controversa, centenas de mensagens são postadas. E então veio o Blog Hub, um agregador da blogosfera interna, que identifica os blogs mais ativos, quem os comenta, quais são os mais visitados e sobre quais assuntos as pessoas estão falando neles.

Parecia inevitável que o próximo site fosse relacionado à transmissão de imagens. Em 2008, a empresa lançou o Vídeo Hub, no qual todo colaborador que tivesse gravado um vídeo poderia publicá-lo. Trata-se de um agregador com recursos para classificação em rankings, marcação e comentários sobre o que está sendo postado. A empresa também capacitou centenas de colaboradores para fazer vídeos de qualidade e contar histórias sobre os valores e princípios defendidos pela Nokia.

Não há moderadores para os sites de vídeos, blogs ou de notícias. Assim que a mensagem é postada, fica disponível para todos. Os colaboradores podem denunciar abusos e, se um vídeo for definido como fora das normas da empresa, pode ser removido – mas até agora isso não foi necessário. As pessoas respeitam a oportunidade de compartilhar.

Engaje-se e influencie

Há anos, as empresas têm preenchido seus sites externos voltados ao consumidor com mídias cheias de recursos, blogs, ferramentas de classificação e outros recursos de interação. Elas fazem isso para ficar na memória e conseguir diferenciação em um mundo repleto de informação.

A Capital One, uma das gigantes dos cartões de crédito, está sempre elevando o patamar de expectativas dos clientes e, portanto, não se surpreendeu quando as experiências com mídias interativas, área em que foi pioneira, influenciaram também os interesses de seus colaboradores.

Quando as pesquisas sobre clima interno indicaram que o ambiente de trabalho não era tão colaborativo quanto poderia ser, a Capital One remodelou a intranet corporativa, oferecendo mais maneiras de interagir. O site foi transformado de uma ferramenta estática – que hospedava principalmente informações da área de recursos humanos, como formulários de benefícios e cronogramas de treinamento – em um fórum vívido, no qual os colaboradores podiam postar, compartilhar e criticar ideias, muitas vezes no formato de vídeo. O My One Place permite que qualquer um entre no site para contribuir e fazer mudanças.

A necessidade de colaboração e relacionamento tornou-se mais evidente depois que a Capital One adquiriu o North Fork Bank de Melville, em Nova York. Assim que a compra foi concluída, a equipe de recursos humanos da Capital One precisou aclimatar rapidamente os colaboradores do North Fork à cultura corporativa da nova empresa. A companhia investiu em blogs, podcasts e na informalidade dos vídeos, com entrevistas do tipo "o povo fala", para suavizar a transição.

Cultive a cultura

Uma *startup* do Vale do Silício usa um blog com vídeos em sua intranet para que os colaboradores, além de seus familiares e amigos, publiquem dicas sobre quase tudo: desde onde encontrar bons hotéis até como transformar pequenos apartamentos em lugares agradáveis para morar. Um vídeo faz um *tour* pelas lanchonetes locais, destacando os pratos do dia e cronometrando quanto tempo demora para ser servido.

Os vídeos fornecem soluções imediatas para problemas em comum entre uma equipe jovem, trabalhando dia e noite. Nenhum dos vídeos levou muito tempo para ser feito e a maioria foi criada quando alguém pensou: "Aposto que meus colegas vão se beneficiar ao saber disso". Eles também oferecem aos novos colaboradores uma noção da cultura e dos desafios que vão encontrar, mostrando como resolver problemas sozinhos.

Até os fundadores da organização têm gravações no site, em que contam como tiveram a ideia de criar a empresa e como seguiam os colaboradores em seus primeiros dias de trabalho, incentivando a conexão entre as pessoas e o surgimento de novas ideias.

Em menos de um ano, mais de 100 vídeos foram criados para menos de 50 colaboradores. Com o desenvolvimento da *startup* e o aumento da equipe, a empresa agora planeja incorporar a produção de vídeos instantâneos em seus treinamentos – para a área de recursos humanos e para as funções de desenvolvimento técnico –, com a expectativa de assegurar que essa vibrante cultura social se mantenha, não importa o quanto a empresa cresça.

Construa confiança

Conforme as empresas migram para um modelo descentralizado, a transparência vinda dos líderes é algo animador, que constrói confiança e passa um *insight* decisivo.

Quando os colaboradores estão geograficamente dispersos e "andar por aí" não é uma opção, as companhias usam vídeos para atingi-los com autenticidade.

Os vídeos permitem que os líderes se comuniquem de uma forma mais emocional do que fariam por memorando ou e-mail. Podem ter um estilo de documentário ou ser produzidos como videoblogs, ou mesmo como um cinejornal que apresente as informações corporativas indo direto ao ponto. Podem passar informações rápidas, adotar o formato de perguntas e respostas, ou ainda exibir narrativas pessoais do tipo "um dia na vida".

Os colaboradores geralmente respondem mais favoravelmente a comentários espontâneos do CEO, gravados por alguém da área de comunicação da empresa, com uma câmera portátil, do que a um vídeo profissional todo "empetecado" e com um roteiro "quadradão". Quanto mais autênticas e não filtradas forem as mensagens, mais críveis parecerão.

Quando duas das maiores fabricantes de aço do mundo passaram por uma fusão em 2006, a Arcelor e a Mittal usaram vídeos para responder às preocupações dos colaboradores quanto à nova organização de 320 mil trabalhadores. Documentários curtos abordaram também questões como demissões e a fusão. Os vídeos tornaram-se catalisadores de debates sobre a mudança tanto dentro quanto fora da companhia, atraindo um apoio adicional vindo do mercado, dos acionistas e dos cidadãos. Depois de algum tempo, a ArcelorMittal lançou seu próprio canal de TV pela internet, com uma programação de vídeos e conversas sinceras com os executivos; homens e mulheres que estão no coração da empresa, relatando suas próprias experiências, desafios e aspirações.

Estabeleça uma identidade em comum

A ACI Worldwide começou como uma pequena empresa em Omaha, no Nebrasca, e cresceu rapidamente por meio de fusões e aquisições, chegando a 2.200 colaboradores espalhados por 35 países. Os padrões de qualidade sempre foram levados muito a sério. Os clientes, em cada canto do planeta, esperam contar com softwares e serviços confiáveis, em escala e que ofereçam um sistema de pagamento seguro – todos os segundos de cada dia.

Com o crescimento da empresa, o foco esteve nas necessidades dos clientes, sem que fosse dada muita atenção à infraestrutura para integrar instalações, companhias e pessoas ao redor do mundo – ou para criar uma cultura que compartilhasse um conjunto de valores.

Enquanto queria que seus programadores em todo o mundo aplicassem um sistema de códigos e regras, a companhia também planejava que cada colaborador se beneficiasse do conhecimento e da experiência dos outros colaboradores da ACI. Seria preciso haver uma mudança profunda para fazer da ACI, funcional e culturalmente, uma única empresa.

A ACI voltou-se para as mídias de compartilhamento, como podcasts e vídeos, para registrar o conhecimento dos colaboradores de uma forma que fosse mais facilmente compartilhado e sentido, em vez de apenas lido. A empresa conseguiu demonstrar a diversidade de suas pessoas, com suas habilidades, interesses, atitudes e pontos de vista – tudo isso pensando em criar produtos e serviços em que todos possam confiar.

Reforce os valores

A RentQuick.com também escolheu as mídias de compartilhamento para aproximar as pessoas e registrar o que há de importante. De modo a gerar diversão durante tempos difíceis, a RentQuick.com – uma pequena empresa que envia equipamentos audiovisuais de ponta aos Estados Unidos e Canadá para eventos internos e externos – decidiu se tornar criativa após perder clientes durante a recessão de 2009, quando os organizadores de eventos foram demitidos das empresas e os eventos cancelados ou adiados. Em vez de cortar cabeças, dispensar pessoal ou ficar reclamando, a equipe manteve o espírito positivo, elaborando vídeos engraçados sobre as situações enfrentadas pelo grupo e mostrando seu estilo "faça funcionar". Eles publicaram os vídeos no YouTube e criaram links nas newsletters mensais da empresa.

A atitude e a abordagem leves do time da RentQuick.com foram muito bem traduzidas em vídeos curtos. As gravações demonstravam que a felicidade pode existir mesmo em tempos difíceis da economia, e que era uma alegria trabalhar com essas pessoas. Os vídeos acabaram encontrando novas audiências e demonstraram – a clientes em potencial – que trabalhar com a empresa pode resultar em eventos agradáveis e bem-sucedidos.

Recrute talentos

Antes de ser adquirida pela Accenture, a Gestalt LLC, uma empresa de 300 pessoas, desenvolvedora de software em New Jersey, que atende aos setores de energia e defesa, fez um concurso de vídeos para despertar o interesse na companhia entre os novos contratados com talento potencial.

O concurso era aberto aos interessados em criar um vídeo e postá-lo no YouTube. Todos os colaboradores da companhia escolheriam o vencedor, que poderia optar entre um computador Apple ou 2 mil dólares em dinheiro. John Moffett ganhou o concurso com um filme de 90 segundos, chamado PatrolNET Woes, sobre uma missão através das cidades mais próximas do interior com o objetivo de "encontrar pessoas".

A competição encorajou os colaboradores a criar mensagens que, basicamente, promoviam a companhia, sua cultura e clima de trabalho, e foram vistas por quem quisesse. Em uma empresa cujo slogan é "valor acima da soma das partes", isto era ir além da zona de conforto. O CEO, Bill Loftus, que admitiu ter ficado nervoso inicialmente com a ideia do concurso de vídeos, disse: "As grandes companhias podem até tentar controlar a mensagem, mas acredito que a imagem verdadeira de uma empresa vem do que as pessoas realmente são, não do que é associada a ela pelo departamento de marketing". De fato, a Gestalt enviou um link dos vídeos vencedores para 16 mil pessoas listadas em seu banco de talentos e também para diversas empresas de *headhunting*.

No primeiro final de semana depois do envio do link, a empresa registrou 4 mil acessos dos candidatos de seu banco de dados e 750 pessoas reenviaram currículos para a empresa. Os vídeos mostravam a energia e o entusiasmo dos colaboradores, o que acabou posicionando a Gestalt muito bem em um mercado muito competitivo.[5]

A Deloitte, como parte de suas campanhas permanentes para energizar a força de trabalho e recrutar jovens brilhantes, realiza anualmente um festival internacional de filmes, que é uma seleção de vídeos de três minutos, publicados no YouTube, que devem responder à seguinte questão: "Qual é a sua Deloitte?". Os colaboradores podem criar os filmes sozinhos ou trabalhar em grupo. Todos criam vídeos, desde o colaborador em primeiro ano de empresa até o alto executivo, e as imagens vão de sequências de sonho até tomadas bem-humoradas.

O programa começou como parte de uma ampla estratégia para reformatar e arejar a cultura da empresa, incluindo questões específicas, como encorajar os colaboradores a compartilhar sentimentos e opiniões espontâneas sobre o que é trabalhar na Deloitte. Os vídeos mostram – mais do que contam – aos profissionais aspirantes que a organização está disposta a tentar novas abordagens e oferecer aos colaboradores uma voz pública para representá-la.

Responda às críticas

Como em toda nova iniciativa, haverá críticos, geralmente bem-intencionados, que querem evitar que você faça burrices. Eles têm preocupações baseadas em experiências pessoais ou em histórias perturbadoras que ouviram e se sentem obrigados a compartilhar. Aqui estão as objeções mais comuns que ouvimos e as maneiras como você pode respondê-las.

As pessoas publicarão vídeos impróprios

Oferecer aos colaboradores liberdade irrestrita para postar vídeos na intranet da empresa sempre faz subirem as sobrancelhas dos mais conservadores. Mas a preocupação

---

[5] Starner, T. *Video Nation, Human Resource Executive Online*. Disponível em http://www.hreonline.com/HRE/story.jsp?storyId=33267457. Acesso em 18/6/2010.

de que os colaboradores publiquem vídeos impróprios ou agressivos já parece superada em todas as organizações com que conversamos – em grande parte porque cada post inclui o nome do colaborador.

Em geral, as mídias sociais são autorreguladas. Se alguém publica algo que não é apropriado, a primeira pessoa que vir acabará dizendo alguma coisa. As mídias de compartilhamento têm sucesso, em parte, por causa do *feedback* do participante e também porque muitas outras pessoas estarão olhando.

O valor das mídias compartilhadas não pode ser mensurado

Diante de qualquer software, alguém sempre pergunta: "Como você mede o valor disso?". Diferentemente do e-mail, os programas de compartilhamento de mídia geralmente trazem embutido um contador analítico. Por exemplo, você será capaz de mensurar as seguintes questões:

- Quantos visitantes viram um vídeo até o final sem sair do site ou ir para outro lugar?
- Quantos viram somente até a metade?
- Quantos viram apenas um minuto ou menos?
- Quantos viram mais de uma vez?

O número e o tipo das questões e dos comentários suscitados pelos vídeos podem proporcionar outras pistas sobre o quanto foram vistos e compreendidos. As conversas geradas por um clipe valem tanto para medir sua atratividade quanto o número de vezes em que foi visto – e podem ser ainda mais válidas para isto.

> Os vídeos mostram – mais do que contam – aos profissionais aspirantes que a organização está disposta a tentar novas abordagens e oferecer aos colaboradores uma voz pública para representá-la.

Você tem um plano de comunicação para vídeos que inclua uma discussão sobre o que a audiência aprendeu? Você oferece mensagens-chave e questões que ajudem na discussão? Considere pedir *feedback* por meio de uma pesquisa para aferir o grau de entendimento das pessoas e pergunte se elas acharam determinados vídeos úteis.

Pessoalmente é sempre melhor

Se algo precisa ser feito pessoalmente, não tente fazer de forma virtual. Entretanto, grande parte do que consideramos que deva ser realizado pessoalmente, na verdade, fica melhor se for apresentado *visualmente* (para ver o improviso, ouvir a sinceridade, formar uma impressão da pessoa por meio da sua linguagem corporal), e o vídeo pode deixar essa impressão mais duradoura.

Vídeos não são para negócios sérios

Algumas pessoas associam o vídeo à frivolidade – o tipo de distração que seu professor do colegial usava nas tardes de sexta para controlar uma classe desobediente. Mas a imagem, especialmente quando combinada a uma narrativa, é um dos principais componentes da comunicação eficaz. Pense na pegada do astronauta Neil Armstrong caminhando na Lua e como aquela imagem instantaneamente transmitiu a proposta e a missão da NASA.

Vídeos são para diversão, não para uma transferência real de conhecimento

Que importantes lições você já tirou de filmes de cinema, programas de tevê ou mesmo de alguém contando uma história? O poder de instruir é inerente aos vídeos também. Crie um vídeo mostrando gente se comunicando mal, dando nos nervos uns dos outros ou usando diferentes estilos de comunicação e, rapidamente, você verá que a visualização pode ensinar mais do que falar quando algo está errado.

Recomendações

Comece com um plano de mídia de compartilhamento, considerando o que as pessoas na sua empresa – e o ecossistema de parceiros de negócios, fornecedores e possivelmente até clientes – vão obter de benefício por ver e ouvir.

Comece no ponto em que está

Quando o áudio e o vídeo gerados por colaboradores puderem ser publicados em plataformas de conteúdo que a empresa já possui, como o IBM Lotus Quickr, o SharePoint ECM, o Cisco Show and Share ou o Google Business Services, os custos iniciais vão ser relativamente baixos e a área de TI já estará familiarizada com o que você está tentando fazer. Se sua empresa ainda não dispõe de um sistema de gestão de conteúdo, considere a possibilidade de começar criando um canal no YouTube para publicar alguns poucos vídeos, que sejam compartilhados publicamente e ir pegando o jeito. Depois, dê uma olhada em algumas das novas plataformas de compartilhamento de mídia para encontrar qual se adapta melhor às suas necessidades.

Defina suas intenções e seu público

A cultura tecnológica da sua empresa, a habilidade da sua equipe em aplicá-la e o número de colaboradores com acesso aos dispositivos de gravação – smartphones, câmeras portáteis, gravadores digitais de áudio e um crescente número de dispositivos de registro de mídia – determinarão quantas pessoas ficarão interessadas em consumir e colaborar para o seu conjunto de mídias. Adicione a isso vídeos de treinamento e de executivos, e você terá massa crítica. É bem difícil, pelo menos no começo, que todos os colaboradores se mobilizem para criar e publicar vídeos. Mas, mesmo quando um pequeno grupo fica responsável pelo volume de conteúdo, um grande número de pessoas passará a comentar o material e um maior ainda vai ser beneficiado.

Promova os melhores exemplos de vídeos gerados pelos colaboradores

Quando os colaboradores podem comentar, compartilhar e divulgar os melhores clipes com seus próprios e-mails, posts em blogs, wikis e sites de equipe, o material mais eficaz vai ser valorizado. Você pode também impulsionar a divulgação viral dando evidência a alguns vídeos dentro da organização. Pense em pedir isso para alguns voluntários dispostos a passar algum tempo procurando os melhores filmes no site, que receberão notas, para lhes dar uma exposição maior.

Escolha tecnologias amigáveis

Busque por tecnologias que, ao tocá-las, os colaboradores já saibam como usá-las por causa de sua familiaridade com a internet; seja porque já usam o Facebook, o MySpace ou o Twitter, ou porque já têm um investimento pessoal na curva de aprendizagem e podem, imediatamente, começar a usar as ferramentas, acelerando bastante a adesão.

Ofereça aos executivos uma conexão direta com os colaboradores

Transforme as mensagens dos executivos em vídeos curtos ou em transmissões de áudio. Publique-os na intranet, nos portais na internet ou nas comunidades online; coloque-os piscando na tela de entrada dos computadores e ofereça os vídeos aos clientes interessados em ouvir o ponto de vista do CEO da sua empresa.

Celebre as vitórias, treine os vendedores e destaque o espírito de equipe

Quando a equipe de vendas conquista uma grande vitória ou o time de desenvolvimento ultrapassa uma meta importante, alguém inevitavelmente registra as imagens da celebração em vídeo e as divulga ao máximo. Em grandes eventos, encoraje as pessoas a usar câmeras portáteis para ter quase tudo gravado. Depois, apresente o vídeo no palco, mostrando como o evento atingiu os objetivos e as expectativas iniciais. Isso aquece as tropas, faz o compartilhamento das lições dos vendedores que estão no auge – assim como apresentadores fazem quando falam sobre um lançamento importante de um produto – e coloca em evidência um grupo de pessoas profundamente interessado em contribuir para o sucesso da sua empresa.

Use vídeos para as comunicações privadas com parceiros de negócios

Em vez de publicar aquele clipe confidencial no YouTube, faça a postagem de forma segura em um site protegido na extranet e convide os parceiros de negócios para assistir e comentar. Esta possibilidade torna os vídeos uma excelente ferramenta para agências compartilharem conteúdo com anunciantes, para as companhias de seguros treinarem corretores independentes, ou para um fabricante apresentar problemas a seus fornecedores.

Registre o conhecimento corporativo com entrevistas dos experts

Enquanto os gurus da companhia vão se aproximando da aposentadoria, resolvendo apenas grandes problemas e focando no que fazem de melhor, os colaboradores mais novos têm poucas oportunidades de aprender com eles. Quando o profissional sênior se dá conta, há um novo integrante da equipe de comunicação atrás dele durante uma semana, fazendo perguntas e gravações para que outros aprendam com ele anos depois. Com entrevistas ou mesmo só mostrando-o em ação, a mídia compartilhada pode transformar as experiências dessas pessoas, suas histórias e exemplos de vida em um conhecimento facilmente consumível – antes que ele se vá.

Se você fizer algo muito simples, como implantar um sistema em que as pessoas saibam aonde ir para obter a explicação necessária, vai poupar vários minutos do dia de trabalho delas. Assim, você gera economia quando seus colaboradores não precisam vasculhar os e-mails em busca de uma informação porque podem acessar uma comunidade e procurá-la de modo mais fácil em vídeos ou tópicos. Lá mesmo, eles encontram notícias sobre a empresa e dicas de seus colegas de equipe, o que significa mais tempo economizado. Você pode estimar que, ao poupar dois minutos diários no trabalho de cada pessoa, haverá 45 minutos a mais para cada colaborador por mês, o que equivale a nove horas por ano. Pequenos cálculos como este nem incluem os benefícios que você pode obter com a maior qualidade de produção e nos serviços ao consumidor.

4

Microcompartilhamento para uma cultura saudável

Pessoas produtivas, ocupadas, mais ocupadas e produtivas do que você possa imaginar, sentem-se melhores do que nunca conectadas e cheias de ideias ao seu redor por causa do microcompartilhamento. Essa agregação de reflexões é fácil de assimilar, sem sobrecarregá-las com mais dados e sem sacrificar sua atenção.—Montgomery Flinsch, Desenvolvedor sênior da Mayo Clinic

Os seres humanos têm transmitido mensagens curtas, mas com grandes significados, há mais de 40 mil anos. Sinais de fumaça têm atravessado os céus. Gestos expressivos multiplicam-se na série Seinfeld. Em todas as épocas e em todos os cenários, nós avançamos com pequenas explosões de comunicação. Algumas pessoas simplesmente não percebem o quanto pode ser transmitido com poucas palavras.

O microcompartilhamento é a categoria de software social que possibilita às pessoas se manterem atualizadas com pequenas doses de texto, links e multimídia, seja por meio de aplicativos independentes ou como parte de uma comunidade online ou redes sociais.

As mensagens enviadas dessa forma, geralmente, não podem exceder os 140 caracteres. A restrição não é arbitrária. O total aceito nas mensagens enviadas por telefones celulares (SMS) é de 160 caracteres; 140 para a mensagem e os 20 restantes para os dados necessários para identificar a fonte da informação. Com esses 140 caracteres, as pessoas conseguem fazer perguntas, dar retorno, ressaltar novidades e fazer links para a internet.

O microcompartilhamento surge de uma tendência de tornar o conteúdo digital conciso e mais rápido de espalhar. Está deixando para trás o e-mail (muito lento) e o SMS (audiência muito restrita). Microdoses de informação são fáceis de ler e escrever, não sobra nada para deletar, você pode se comunicar de um para um ou de um para muitos, e as respostas são opcionais.

O microcompartilhamento não exige nenhum conhecimento técnico especial do usuário nem a instalação de uma tecnologia complexa. O software pode direcionar as mensagens para os desktops, notebooks ou mesmo para os aparelhos que as pessoas já têm nos bolsos e nas bolsas, sem depender dos servidores locais de e-mail ou da rede telefônica. Esses utilitários podem transmitir rapidamente mensagens de texto ou imagens para uma empresa inteira, uma força de trabalho descentralizada, um campus espalhado, uma comunidade de prática, um pequeno grupo de amigos ou apenas para aquela pessoa que precisa da informação.

O software mais conhecido de microcompartilhamento, até o momento em que escrevemos este livro, era o Twitter. O ator Ashton Kutcher foi o primeiro a conseguir 1 milhão de seguidores (roubando a honra do noticiário *Breaking News* da CNN). A campanha presidencial de Barack Obama fez largo uso do Twitter para atingir os eleitores. E milhões de pessoas comuns usam o espaço diariamente para mandar e receber mensagens curtas, amplificando suas vozes, obtendo respostas mais rápidas de pessoas de sua rede de relacionamento, ouvindo e alertando a comunidade de forma mais natural.

O microcompartilhamento é uma maneira poderosa de conectar pessoas em busca de benefícios pessoais, profissionais ou corporativos. Com ferramentas semelhantes ao Twitter, mas com foco nas empresas, como Socialcast, Socialtext Signals, Cubetree e Yammer, formatadas especificamente para uso privativo, as organizações agora podem desfrutar das vantagens do microcompartilhamento. Como operam por trás do sistema de *firewall* da empresa, essas ferramentas ajudam a proteger as informações confidenciais e podem ser conectadas a outros sistemas da organização.

A experiência da Mayo Clinic com o microcompartilhamento ilustra bem o poder da ferramenta. Ao deixar a clínica, você pode não estar curado, mas saberá o que está errado com sua saúde e será capaz de tomar as decisões necessárias. É um conforto enorme para as 500 mil pessoas que passam, todo ano, por uma das três unidades da Mayo. Para quem sofre de uma doença crônica ou de algum outro problema sobre o qual seu médico particular tem pouca informação, uma viagem até a Mayo pode oferecer respostas, *insights* e melhor qualidade de vida. Em muitos casos, as pessoas têm suas vidas de volta.

Primeira e maior clínica de medicina integrada sem fins lucrativos do mundo, a Mayo emprega mais de 57 mil médicos, cientistas, pesquisadores, residentes e profissionais de saúde coligados. Esses especialistas de alto nível, profundamente dedicados a um trabalho intelectual intenso, almejam criar uma cultura colaborativa de tratamento – com as mídias sociais, um recurso novo e vital.

Consideremos, por exemplo, um radiologista da Mayo sentado sozinho em uma sala escura, analisando raios X. Ele percebe algo que nunca viu

> O microcompartilhamento é uma maneira poderosa de conectar pessoas em busca de benefícios pessoais, profissionais ou corporativos.

antes e se pergunta: "Que diabo é isso?". Poucos minutos depois, usa a rede interna de microcompartilhamento da Mayo, deixando a questão: "Como podemos aplicar (o microcompartilhamento) clinicamente?". Também denominada microblog, mensagem social ou micromensagem, essa rede transmite pequenos textos, como no Twitter, adotando sistemas desenvolvidos especificamente para aplicação dentro de organizações. A pergunta dele levou a um debate online de duas semanas sobre o que poderia significar o uso clínico do microcompartilhamento. Como resultado, três pessoas, o radiologista, outro médico e um gerente técnico de programação, que nunca haviam se cruzado antes, concordaram em fazer alguma coisa a respeito.

Eles podiam ver que seus colegas estavam curiosos e interessados nas possibilidades do microcompartilhamento em um ambiente clínico, de modo a oferecer suporte imediato de conhecimento para um diagnóstico que fosse pouco convencional. A sabedoria das massas mostrava-lhes que valia a pena investir no assunto.

Concordaram em redigir uma proposta e estudaram qual seria a melhor forma de apresentá-la. O gerente técnico sugeriu duas semanas de reuniões. O radiologista e o médico sugeriram que, antes, trocassem ideias pelo sistema de microcompartilhamento até saber melhor o que queriam e ter as ideias mais bem formatadas, para só então transferir seu espaço inicial de colaboração para uma wiki interna. Foi o que fizeram. Eles decidiram não realizar reuniões face a face nem trocar e-mails. Encararam este desafio, escreveram a proposta de estudar como fazer bem o microcompartilhamento com objetivos clínicos, levantaram o capital para o projeto e só se sentaram juntos pela primeira vez quando já dispunham da verba. Dessa experiência de microcompartilhamento, obtiveram exemplos tangíveis e prática com as ferramentas, de modo a produzir um trabalho palpável e duradouro: a discussão entre eles e com outros que entravam na conversa, além da wiki em si. Não restaram mensagens de voz, textos ou arquivos anexos – nenhuma poluição digital. E eles realizaram isso tudo em cerca de três semanas, o que é muito rápido para os padrões da maioria das comunidades médicas. O processo não foi tão diferente do que se trabalhassem juntos diariamente em um pequeno escritório. Uma nova ideia foi identificada e levada para um trabalho produtivo, com uma equipe formada sob uma coordenação. Quando a maioria não trabalha lado a lado, como você encontra as pessoas certas e as coloca juntas, formando um time coeso, para um trabalho produtivo, sem que cada um precise ir até Atlanta uma vez por semana ou coordenar as agendas para que todos possam se encontrar na sala de reuniões?

Monty Flinsch, que por mais de uma década tem conduzido iniciativas tecnológicas no campus central da Mayo, em Rochester, Minnesota, enxerga o potencial infinito do microcompartilhamento para estabelecer e apoiar relacionamentos entre as pessoas e os departamentos. Ele não vê essas ferramentas em uso para desenvolver conhecimento. Mas crê no microcompartilhamento como um componente fundamental para que os clínicos da Mayo façam conexões vitais.[1]

Cientista físico por formação, Flinsch faz uma analogia entre o microcompartilhamento e o bombardeamento de nuvens com iodeto de prata, algo que muda a energia de sua massa e faz chover. Quando as pessoas enviam uma pergunta ou postam um link para uma fonte nas ferramentas internas de microcompartilhamento da clínica, cria-se um espaço em que as ideias se cristalizam. As informações estimulam mais compartilhamento e, naturalmente, os relacionamentos humanos decolam: as pessoas vão almoçar, conversam ao telefone ou convidam alguém para ver no que estão trabalhando.

Como isso acontece mais cedo e mais frequentemente do que se alguém tivesse de fazer as apresentações, ou se fosse preciso ler sobre isso em uma folha de papel perto do elevador, os profissionais na Mayo estão estabelecendo contatos mais substanciais. São levados uns pelas ideias dos outros. Depois, a reconexão online e o contato pessoal revigoram o processo e trazem nova energia à comunicação. Para gente bastante ocupada que precisa gerenciar o próprio fluxo de atenção, o microcompartilhamento parece simples o suficiente para não ser um fardo. É como escrever um blog ou para um jornal sem o compromisso do prazo. É tão leve que pode ser encaixado nos intervalos entre as tarefas mais pesadas do dia a dia.

Os médicos da Mayo, como gente de outras profissões, enfrentam um grande número de sinais de alerta clamando por sua atenção. O microcompartilhamento pode se tornar o canal unificado de atividades para onde se voltam com o canto dos olhos, recebem avisos e ficam alerta para conversas em andamento. Melhor do que o bombardeamento com informações de que a transfusão de sangue foi realizada, a sala de operações está pronta ou o pacote de medicamentos chegou, esse fluxo unificado está à disposição para quando eles puderem dar uma olhada.

Embora algumas pessoas acreditem que o microcompartilhamento se soma ao caos e é percebido como mais um ruído, outras encontram sinais de relevância logo em suas primeiras experiências. Elas usam a ferramenta como uma compilação, checando de vez em quando e obtendo uma noção sobre o andamento de um assunto para ver o que há de novo. Um piscar de olhos a mais não é distração;

> Para gente bastante ocupada que precisa gerenciar o próprio fluxo de atenção, o microcompartilhamento parece simples o suficiente para não ser um fardo. É como escrever um blog ou para um jornal sem o compromisso do prazo. É tão leve que pode ser encaixado nos intervalos entre as tarefas mais pesadas do dia a dia.

---

1 M. Flinsch em entrevista com os autores em 2009.

elas observam a plataforma de microcompartilhamento quando têm tempo. Podem interagir quando for apropriado.

Ideias vêm à tona e algumas outras caem por terra (quando não há uma resposta ou diálogo). Outras se desenvolvem e conseguem despertar interação. As mensagens tocam um nervo ou acionam cordas que continuam a vibrar, dando ritmo à empresa. Quando há uma ressonância interna, é possível senti-la através do fluxo. As ideias são refinadas no espaço, os assuntos disseminam-se e as pessoas se sentem conectadas umas às outras e à vibração da organização.

A Mayo também usa o microcompartilhamento e outras mídias sociais para ir além de suas unidades, conectando e educando pessoas sobre as práticas da clínica. A organização está engajada com três audiências-chave: as pessoas com questões e preocupações relacionadas à saúde, pacientes em potencial, as comunidades médicas e de pesquisa.

A tecnologia escolhida para essa comunicação dá tanto aos colaboradores da Mayo quanto à comunidade externa um senso de conectividade pessoal com a organização e suas pessoas, além de cumprir um compromisso de que o uso das tecnologias será para manter as pessoas sempre no centro de todas as iniciativas.

Em 2009, a Mayo realizou uma conferência chamada "Transform", coordenada por seu centro de inovação. Entre os 400 participantes estavam o inventor do Swiffer[2] na Procter & Gamble e pessoas da IDEO, GE, IBM, MIT, Media Lab, Massachusetts General Hospital e da Darden School of Business. Foi um encontro de grandes inovações empresariais, especialmente estruturado para estimular a interação entre pensadores de ponta e promover o diálogo sobre a inovação na própria Mayo.

Com o evento realizado seis meses depois do lançamento de sua rede piloto de microcompartilhamento, a organização registrou aumento de 50% no número de pessoas online compartilhando os debates. Dentro da instituição, os profissionais que não compareceram ao evento, mas observaram seus desdobramentos online, apresentaram novos raciocínios, dividiram ideias e registraram os destaques como se tivessem estado na conferência.

Participantes virtuais do fluxo de compartilhamento assumem-se como defensores da prática, disseminando ideias por todos os lados da organização. As pessoas não teriam essa sensação especial de "ter de participar de algo imperdível" se não fosse pelo microcompartilhamento. Ele estende o pensamento criativo para toda a organização sem os custos e as dores de cabeça logísticas de um seminário para 50 mil pessoas.

---

2 Swiffer: linha de produtos da P&G que inovou a limpeza do dia a dia para varrer, tirar pó e passar pano no chão. (N. T.)

Sofrendo uma dor crônica no pulso, Erin Turner, supervisora de contabilidade de uma agência de relações públicas focada no setor de saúde, viu uma mensagem de @MayoClinic no Twitter sobre um chat que haveria no próprio Twitter, com um prestigiado cirurgião, sobre, justamente, dor no pulso. Acreditando que essa seria sua oportunidade para ter algumas respostas, Turner seguiu o link para uma página no site da clínica, que fazia conexão com um artigo publicado no jornal *USA Today* sobre um tipo diferente de rompimento nos ligamentos. Encontrou também ilustrações e vídeos sobre o problema, um vídeo com o testemunho de um paciente, um podcast, uma lista de médicos treinados para diagnosticar e tratar o problema, além de um vídeo do dr. Robert Berger, o cirurgião, explicando suas descobertas e o andamento padrão do tratamento.

Ao longo de um chat de uma hora, Turner conseguiu contar ao dr. Berger sobre suas dores e os tratamentos que tinha seguido até então. Ele considerou que havia algo no pulso dela além do que os diagnósticos anteriores mostravam. Pela primeira vez em muito tempo, ela teve esperanças de ter um futuro sem dor crônica. Após reunir todas as informações médicas disponíveis, marcou uma consulta com o dr. Berger na clínica Mayo.

Menos de 24 horas depois da sua consulta, ela não apenas tinha um novo diagnóstico, como também já havia passado por uma cirurgia para corrigir o problema. Estava diante de um futuro melhor que não seria possível se não houvesse o Twitter e a disposição da comunidade médica para experimentar novas ferramentas de comunicação.[3]

O microcompartilhamento é uma grande promessa para o processo científico porque permite que os cientistas, inclusive de campos de estudo não diretamente relacionados, discutam sobre suas questões mais difíceis sem que haja uma intrusão muito grande em seu trabalho diário.

Monty Flinsch afirma: "Essas tecnologias geram uma energia que é autossustentável. O microcompartilhamento oferece uma maneira muito simples para que as pessoas se conectem, joguem ideias no fogo e façam chover resultados".

Exploda para a frente

O microcompartilhamento organizacional pode ajudar a resolver um dilema das empresas que precisam levar o conhecimento para os colaboradores que precisam dele e, ao mesmo tempo, evitar o vazamento de informações para fora da organização. A maioria das ferramentas de microcompartilhamento possibilita que o remetente das mensagens controle a forma como elas são compartilhadas e quem as

---

[3] E. Turner em entrevista com os autores em 2009.

vê. Também permite que os destinatários possam acompanhar ("sigam") as pessoas que as escrevem.

Você tem controle total quando pode conferir o horário da emissão e recepção das mensagens de quem escolheu seguir. Além disso, se 40% dos tweets que você está lendo não passar de blá-blá-blá sem sentido, é fácil dar um jeito nisso, deixando de seguir essas pessoas.

Por terem banido formalmente o uso dessas ferramentas, algumas empresas estão cortando um importante laço que cerca seus clientes, parceiros e até familiares. Quando as divisões entre vida pessoal e profissional se dissolvem, as organizações passam a ver maior produtividade e lealdade de colaboradores que, anteriormente, tinham horror de ser obrigados a deixar suas vidas pessoais no estacionamento antes de passar pela porta de entrada do prédio. O microcompartilhamento, equivalente tecnológico à conversa no cafezinho, dá pistas sobre aqueles ao nosso redor, fazendo com que os conheçamos, confiemos e ajudemos uns aos outros. Nesses pequenos momentos de aprendizagem, você pode lembrar-se de que o Jeff não é apenas o cara do desenvolvimento de produtos; ele também é pai de uma garotinha com a mesma idade do seu filho. As pessoas disseram-nos que têm aprendido mais sobre os colegas e clientes com as micromensagens e os perfis nas mídias sociais do que durante anos trabalhando juntos.

Aaron Silvers, gerente de comunidade na Advanced Distributed Learning (ADL), descreve a rede social como o ato de partilhar ações. Ele começou a usar o Twitter para se conectar com seus pares e líderes da indústria, gente que poderia ajudá-lo a solucionar em tempo real os problemas mais difíceis da sua área. Quando trabalhava na Grainger, uma fornecedora de insumos industriais, ele percebeu que o microcompartilhamento poderia dar mais valor às iniciativas de aprendizagem na empresa e oferecer às pessoas novos modos de interação. "Assim que o Twitter fez sentido para mim, enxerguei seu potencial para conectar os colaboradores uns com os outros. Talvez não fosse o Twitter, mas uma ferramenta semelhante. Algo que pudesse ser seguro e acessível representaria um início rápido para nossa rede social corporativa." [4]

Então, um alto executivo da Grainger viu a atenção da mídia dedicada ao Twitter e lançou as bases da plataforma de compartilhamento da empresa, que Silvers ajudou a desenvolver. Duas horas depois, o executivo postou no blog da companhia que havia criado uma conta interna de microcompartilhamento e que começaria a usá-la

---

[4] A. Silvers em entrevista com os autores em 2009.

para falar com os colaboradores. Às oito horas da manhã do dia seguinte, o sistema já reunia 306 usuários. Em poucas semanas, mais de mil pessoas também aderiram.

Um ano depois, mais de três mil colaboradores participavam do microcompartilhamento, muitos deles usando o sistema para aprender mais do que somente assimilar as mensagens dos líderes da organização. As pessoas compartilhavam histórias e observações, o que aprenderam com clientes e como poderiam aprimorar seus trabalhos. O microcompartilhamento não transformou radicalmente a cultura da companhia. Silvers sustenta que a mudança cultural não seria a meta explícita; o maior objetivo era a aprendizagem. Pessoas de todos os níveis hierárquicos compartilham informações sobre o que estão trabalhando e sobre temas que despertam sua paixão. Isso dá a todos a oportunidade de aprender com quem está disposto a repartir sua expertise.

Com frequência, o compartilhamento do conhecimento organizacional reflete o ciclo de informações da sociedade ao nosso redor, em que repartimos os altos e baixos, ignorando fatos corriqueiros que ficam entre os dois extremos. É nesse meio-termo que as pessoas se dão conta do trabalho acontecendo à sua volta, entendem como ajudar a pôr em prática a visão da empresa e passam a saber onde procurar auxílio.

Essas mensagens tênues são intersticiais; estão permeadas no tecido das organizações. A aprendizagem muitas vezes exige perguntar às pessoas como fazer algo. O problema é que costumamos levantar a questão para gente mais próxima de nós, e não para quem é conhecido por saber a resposta correta. O microcompartilhamento ajuda-nos a encontrar a pessoa certa sem nem mesmo saber quem ela é. Você também pode pedir ajuda em grande escala ao solicitar que um grande grupo tenha foco em um mesmo tema, por um curto intervalo de tempo, para encontrar rapidamente a solução mais criativa.

Os fios dessa rede nos ajudam a construir o conhecimento coletivamente, estimular novas conexões e fortalecer laços já existentes, formando depressa novas perspectivas, equipes coesas e tornando o moral mais resiliente.

Essas ferramentas funcionam de modo similar às conversas que temos no corredor, representando um ecossistema vivo que se renova a todo momento e no qual é mais fácil, rápido e mais eficaz buscar soluções quando os problemas ocorrem.

Dave Wilkins, vice-presidente de marketing de produtos da Learn.com, afirma: "O microcompartilhamento não é para divulgar as minúcias do meu dia. Eu uso para compartilhar os *insights* e as fontes que moldam meu pensamento como profissional e para ligar os meus pontos profissionais".[5]

---

5 D. Wilkins em entrevista com os autores em 2009.

"Edu-Tweet"[6]

A habilidade de enviar e receber atualizações é uma característica-chave do microcompartilhamento. Caixas de diálogo trazem uma frase que o estimula a responder a uma pergunta. No Twitter, temos "o que você está fazendo?" e "o que está acontecendo?". O Yammer e o Socialtext Signals perguntam "no que você está trabalhando?". A sugestão do Socialcast – "compartilhe algo com _____" – inclui o espaço em branco que é um canal de contato direto com seus grupos e conexões. O Cubetree questiona: "O que você está pensando agora?". E alguns sistemas não têm essa caixa de perguntas, mas oferecem um espaço de formato livre para que você componha sua mensagem.

A maioria das pessoas não responde diretamente a essas perguntas. Em vez disso, geram perguntas e respostas relevantes para sua própria situação. Ou responde a indagações recorrentes, como "o que atrai sua atenção agora?", "você pode me ajudar?" ou "o que você aprendeu hoje?". Dar resposta é um motivo que o encoraja a refletir sobre o que está ocorrendo ao seu redor e a analisar o que passa pela sua cabeça.

Em geral, as atualizações limitam-se a três tipos: o status atual do que você está fazendo, questões sobre o que os outros estão fazendo e como eles poderiam ajudá-lo, ou informações genéricas de que muitos podem estar precisando com rapidez.

Aqui estão alguns exemplos.

> Com frequência, o compartilhamento do conhecimento organizacional reflete o ciclo de informações da sociedade ao nosso redor, em que repartimos os altos e baixos, ignorando fatos corriqueiros que ficam entre os dois extremos. É nesse meio-termo que as pessoas se dão conta do trabalho acontecendo à sua volta, entendem como ajudar a pôr em prática a visão da empresa e passam a saber onde procurar auxílio.

I. Perguntas feitas por você para os outros

"Você pode me ajudar?"

Esse tipo de pergunta tem muitas variantes, mas todas envolvem buscar algo de outras pessoas – conselho, *feedback*, recomendações, respostas e daí por diante.

David Plogue, colunista do *New York Times*, gosta de relatar um exemplo que o fez render-se ao Twitter, antes considerado por ele apenas um tipo de massagem no ego, para perder tempo nas redes sociais. "Quem nesse mundo tem tempo para interromper o trabalho e visitar um site só para digitar 'Agora vou almoçar' e ler a

---

6 O neologismo surge em função da capacidade de o microcompartilhamento corroborar com o processo de aprendizagem por meio da instantaneidade.

mesma bobagem de uma centena de outras pessoas?" Ele não entendia nem achava que quisesse entender.[7]

E, então, seus olhos se abriram. Plogue era um dos 12 jurados do prêmio MacArthur. Enquanto o júri avaliava um dos trabalhos inscritos, alguém questionou: "Esse projeto já não foi desenvolvido antes?". Ninguém sabia responder, mas a pessoa sentada ao lado de Plogue fez a mesma pergunta a seus seguidores no Twitter. Após 30 segundos, duas pessoas responderam que sim, aquilo já tinha sido feito, e até enviaram links.

Os jurados experimentaram o poder de um grande grupo de pessoas – um processo chamado *crowdsourcing*[8] – em tempo real. Nenhum e-mail, chat, site, telefonema ou encomenda da FedEx poderia ter atingido o mesmo resultado. As pessoas que usam o microcompartilhamento para conseguir orientação especializada em meio a suas atividades, mesmo aquelas que contam só com um pequeno grupo que optou por receber seus *tweets* (seguidores), podem atestar o fato de que, geralmente, as respostas são imediatas.

Ben Betts, diretor de operações da HT2, uma empresa inglesa de *e-learning* e desenvolvimento organizacional, usou uma de suas primeiras atualizações no Twitter para perguntar sobre o programa Adobe Flash. Para sua surpresa e deleite, alguém da própria Adobe respondeu em poucos segundos.[9]

Empresas como JetBlue, Comcast, Wellpoint e The Home Depot aplicam o Twitter para oferecer assistência instantânea ao cliente. As equipes submetidas ao bombardeio de perguntas dos consumidores pedem ajuda a seus colegas no sistema interno de microcompartilhamento e recebem as respostas em instantes.

"O que você está aprendendo?"

Você está em uma conferência. Depois de alguns minutos em uma das sessões, nota que as pessoas da plateia digitam furiosamente em seus smartphones e leem as mensagens que entram. Algumas se levantam e saem da sala, enquanto outras entram em grupo no auditório.

A maior probabilidade é que estejam conversando no Twitter sobre a palestra, fazendo perguntas e informando-se sobre o escopo das outras sessões acompanhadas por seus colegas – e cujos temas lhes podem parecer mais relevantes do que o da sessão que estão acompanhando. Esse tipo de aprendizagem instantânea se torna o subtexto de muitas conferências.

---

7 Pogue, D. *Twittering Tips for Beginners*. Disponível em http://pogue.blogs.nytimes.com/2009/01/15/twittering-tips-for-beginners/?pagemode=print. Acesso em 22/7/2010.

8 Frequentemente usada em inglês também no Brasil, *crowdsourcing* deriva da junção das palavras *crowd* (multidão) e *source* (fonte, origem) e, em tradução livre, significa a fonte de conhecimento derivada de grandes grupos. (N. T.)

9 B. Betts em entrevista com os autores em 2009.

Gary Hegenbart, desenvolvedor sênior de treinamento da Calix, disse em uma conferência: "A atividade no Twitter está tomando conta. Em todas as palestras, eu percebo que há gente twittando. Embora às vezes seja difícil prestar atenção e digitar ao mesmo tempo, queremos compartilhar pequenas doses de aprendizagem. Eu recebo relatos em tempo real – positivos e negativos – sobre as palestras em que não pude estar e me beneficio dos outros compartilhando os destaques dessas sessões". [10]

"Como posso me destacar aqui?"

Essa é uma pergunta comum entre novos colaboradores. De forma independente ou usando o sistema oferecido pela empresa, os recém-contratados descobrem, com apenas um clique, quem têm influência, quais práticas estão vetadas e como podem subir na empresa mais depressa. Como essas ferramentas registram mudanças, é possível aprender como conceitos, planos ou projetos evoluíram na empresa, mesmo se você não participou do processo original.

Faith LeGendre, consultora sênior global de defesa do consumidor no grupo de colaboração de software da Cisco, utilizou o microcompartilhamento para ajudá-la a ter sucesso dentro da cultura da organização. Quando ainda era recém-contratada, atuando distante da matriz, procurou um profissional mais experiente que pudesse ser seu mentor. Segundos depois de postar a solicitação no sistema interno de compartilhamento da Cisco, uma mulher de uma área completamente diferente respondeu. Desde então, ambas têm compartilhado e aprendido juntas.

Em outras empresas, LeGendre tinha perdido horas pesquisando na intranet e em servidores distantes para aprender sobre seu empregador, sobre o papel dela na empresa e como as coisas realmente funcionavam. Agora, ao solicitar orientação aos outros via microcompartilhamento, não só consegue as informações exatas como geralmente acaba recebendo *insights* extras. Por exemplo, alguém pode responder: "Não se esqueça de preencher o anexo 'C' do formulário ou ele vai ser rejeitado pelo sistema automático". Ela aprende constantemente com colegas em todo o mundo e poupa tempo, aumentando sua produtividade e precisão.[11]

"Como isso funciona?"

Esta é uma questão que você vai ouvir bastante quando as pessoas procuram fazer algo novo e têm certeza de que alguém já tentou antes. Elas estão abrindo caminho para alcançar aquela sabedoria das massas que tanto impressionou David Pogue.

---

10 G. Hegenbart em entrevista com os autores em 2009.

11 F. LeGendre em entrevista com os autores em 2009.

Manish Mohan, de Chennai, na Índia, e Tom Stone, de Rochester, em Nova York, usam um sistema interno de microcompartilhamento da Element K para trocar links, buscar *insights* dos colegas e testar o piloto de um sistema de microcompartilhamento interno que funcionará para toda a organização, incluindo a empresa irmã, Cognitive Arts, e a empresa-mãe, a NIIT, sediada em Nova Délhi.

Os benefícios do microcompartilhamento ficaram evidentes para Mohan bem cedo, quando perguntou a seus seguidores a respeito de uma função do Lotus Notes, uma questão que também era motivo de curiosidade de muitas pessoas, e Stone sabia a resposta. Se Mohan tivesse feito sua pergunta por e-mail, as chances de obter uma resposta teriam sido baixas, a menos que enviasse a mensagem para uma lista enorme. Foi muito mais eficiente lançar essa pergunta no sistema de microcompartilhamento em que as pessoas estão sintonizadas com a expectativa de se envolver na conversa. E também foi melhor para seus colegas, que viram sua pergunta e a resposta de Stone, o que não seria possível no e-mail.[12]

"Como estou me saindo?"

Pessoas pragmáticas querem *feedback* sobre sua performance em tempo real, e agora conseguem isso mais depressa do que nunca. Em vez de aguardar meses por uma avaliação formal do seu gestor, elas começam a perguntar às outras, aplicando as ferramentas de microcompartilhamento e outros softwares sociais, para ajudá-las a aprender como melhorar na mesma hora.

Embora a maioria das ferramentas de microcompartilhamento não tenha sido desenvolvida para um trabalho de *feedback*, muita gente as tem usado para isso: "O que você acha desse artigo que escrevi? Veja o link aqui..." ou "Foi bobagem ter decodificado a linguagem do programa antes de...". Da mesma forma, em conferências, quem está na audiência envia *feedback* pelo Twitter para os palestrantes e compartilha avaliações das palestras em suas redes online, não apenas com as pessoas que estão no mesmo evento.

Conferencistas e educadores começaram a aplicar o microcompartilhamento para criar e manter relacionamentos e dialogar em torno do tema de suas palestras e aulas. Jane Hart, consultora de social learning e fundadora do Center for Learning and Performance Technologies, na Inglaterra, diz: "Como instrutor, você pode ter *feedback* imediato sobre a relevância de sua aula. Isso faz do treinamento uma atividade muito mais participativa".[13]

---

12 M. Mohan e T. Stone em entrevista com os autores em 2009.

13 J. Hart em entrevista com os autores em 2009.

As empresas também estão usando as ferramentas de atualização para checar, de vez em quando, o que as pessoas estão aprendendo e como progridem na direção de seus objetivos. Os colaboradores compartilham suas metas com um grupo selecionado para receber *input*. Enviar atualizações com regularidade estimula as pessoas a refletir sobre o que estão fazendo, a aprender e a ficar atentas quanto à importância de compartilhar conhecimento com quem trabalham.

Ferramentas de microcompartilhamento de nicho, como o Rypple, o Coworkers.com e o en.dorse.me, por exemplo, são especificamente úteis quando os colaboradores buscam amigos confiáveis ou mentores para conseguir o que consideram um verdadeiro *feedback*. Essas ferramentas tornam rápido e fácil obter *input* de equipes e de seus pares.

"Que pessoas eu deveria conhecer?"

As pessoas usam frequentemente as redes sociais para encontrar experts em determinados assuntos, ampliar a própria rede de conexões ou maximizar a experiência obtida em uma conferência.

Michelle Lentz, instrutora independente e blogueira profissional, começou a usar o Twitter para conhecer outros profissionais da área de treinamento.[14] Em alguns meses, já postava atualizações regulares sobre seu trabalho, obtendo suporte de especialistas e atraindo seguidores, o que expandiu em dez vezes sua rede de relacionamentos. Nas conferências, ela passou a ouvir uma frase recorrente das pessoas que encontrava: "Eu sigo você no Twitter". Amizade instantânea.

Ela diz aos estudantes que eles devem ir em frente e buscar as pessoas certas no Twitter (ou em seus sites internos de microcompartilhamento). Quer saber mais a respeito de sua marca? Monitore-a no Twitter. Uma simples pesquisa no Twitter, ou em sites como o Twellow,[15] pode lhe abrir muitas portas. Você quer saber mais sobre um hobby? Faça uma busca sobre o assunto e siga pessoas que conversam sobre isso.

> As empresas também estão usando as ferramentas de atualização para checar, de vez em quando, o que as pessoas estão aprendendo e como progridem na direção de seus objetivos. Os colaboradores compartilham suas metas com um grupo selecionado para receber *input*. Enviar atualizações com regularidade estimula as pessoas a refletir sobre o que estão fazendo, a aprender e a ficar atentas quanto à importância de compartilhar conhecimento com quem elas trabalham.

---

14 M. Lentz em entrevista com os autores em 2009.
15 Twellow, o site que indexa perfis do Twitter. (N. T.)

Esses encontros baseados no microcompartilhamento realmente são capazes de criar uma camaradagem imediata em torno de interesses similares e um histórico de conversas online. O microcompartilhamento acelera a conversa porque, quando enfim conhece alguém que você segue ou é seu seguidor, já sabe bastante sobre a pessoa. É a experiência da consciência total do ambiente. É como uma reunião em que a conversa flui livremente.

Lentz conquistou um novo emprego de meio período em um blog de tecnologia depois de começar a seguir Brian Solis no Twitter, autor de vários de seus livros preferidos sobre marketing nas mídias sociais. Ele postou mensagem que buscava alguém que quisesse ser pago para escrever sobre tecnologia e *gadgets*. Ela respondeu pelo Twitter, sem nunca ter conversado com Solis antes e, em menos de 24 horas, tinha uma nova ocupação, que considerou fantástica e divertida, além de ter falado ao telefone com um de seus autores favoritos. Oportunidade instantânea.

O microcompartilhamento encoraja as pessoas a partilhar e interagir mesmo com apenas 140 caracteres de cada vez. O senso comunitário e o desejo de retribuir a essa comunidade podem ser palpáveis porque agora existem pessoas lá que você conhece, confia e com as quais quer aprender.

II. Faça atualizações sobre você para os outros

"Eis o que ando fazendo"

Muitas pessoas no trabalho usam as atualizações pelo microcompartilhamento para que os outros saibam no que estão trabalhando, o que leem e no que estão pensando. Não é para se gabar. Pelo compartilhamento de interesses, as pessoas plantam sementes que podem levar a uma conexão com alguém que revele novos *insights*, indique novos recursos, ajude com um projeto ou simplesmente confirme que você não é a única pessoa da sua rede social interessada em arte egípcia ou na teoria da complexidade.

"Eis o que nossa empresa está fazendo"

Embora muitas dessas atualizações sejam uma forma de marketing, as empresas também lembram as pessoas sobre o que está surgindo de novo – e ao que elas deveriam ficar atentas –, de modo que tenham contato com oportunidades que talvez queiram explorar, ou mesmo tendências de algum setor do mercado.

Um número crescente de empresas utiliza o Twitter para estimular a comunicação entre colaboradores e clientes. A Southwest Airlines envia a seguinte mensagem aos passageiros "de primeira viagem" na companhia: "Esperamos que você aproveite seu primeiro voo com a Southwest! Estamos ansiosos para vê-lo a bordo novamente". A clínica Mayo usa sua conta no Twitter para compartilhar práticas de cuidado com a saúde, publicar novidades médicas e responder às questões relacionadas à saúde.

Gina Minsks, gerente sênior do programa de mídias sociais na EMC, usa a rede interna de microcompartilhamento para mensagens de endomarketing, como neste exemplo: "Por favor, solicite a seu cliente que participe da pesquisa sobre gestão e armazenagem de dados. Clique aqui para mais detalhes". Ou ainda: "Pensando em *cloud computing?*[16] Veja o *e-learning* sobre *Fundamentos de cloud computing* gratuitamente até 31 de março".[17]

"Em que você está trabalhando?"

Em vez de solicitar relatórios periódicos de acompanhamento, Claudia Miro, quando era responsável pelo atendimento de clientes em uma empresa de *coaching* e consultoria de médio porte, usava o microcompartilhamento e outras mídias sociais para se manter atualizada sobre a força de trabalho que se encontrava distribuída pela América do Norte. Os consultores confiavam nas mensagens curtas para compartilhar, colaborar e se comunicar sobre o andamento do atendimento ao cliente. Não era raro que recebessem uma micromensagem rápida de Claudia, transmitida para toda a equipe, pedindo informações sobre quais clientes visitaram, tempo de duração de cada atendimento e quais foram os resultados. A organização começou a utilizar as ferramentas sociais como um depósito interno de documentos sobre as operações, ainda que, com o tempo, elas tenham se tornado um canal dinâmico de comunicação com os parceiros internos e externos. Ao registrar a aprendizagem no momento exato, a empresa conseguiu elevar rapidamente o conhecimento coletivo de seus consultores e oferecer mais valor e inteligência coletiva para as empresas que atende.[18]

"Aonde você está indo?"

Bob Picciano, gerente geral de vendas de softwares da IBM, usa o microcompartilhamento para comentar sobre parte do seu trabalho e também divulgar seu paradeiro para várias equipes. Quando postou na plataforma interna de compartilhamento da empresa, que viajaria para uma cidadezinha em que nunca estivera para uma reunião

---

16 *Cloud Computing* – modelo computacional no qual processamento, armazenamento e softwares, por exemplo, ficam hospedados em algum lugar da rede e são acessados remotamente pela internet. (N. T.)

17 G. Minks em entrevista com os autores em 2009.

18 C. Miro em entrevista com os autores em 2009.

com um cliente importante, foi questionado logo em seguida por um representante de vendas da IBM, que gostaria de saber se ele não teria tempo para encontrar outro cliente na mesma cidade. Picciano participou das duas reuniões naquele dia, ajudou a fechar um contrato sobre o qual nada sabia quando tinha acordado pela manhã e estabeleceu um relacionamento sólido e duradouro com outra parte da sua empresa.[19]

III. Informações de que muitas pessoas precisam neste momento

"O que as pessoas precisam saber imediatamente?"

As empresas fazem atualizações operacionais, que precisam chegar às pessoas em determinados momentos, para coordenar um sistema dentro da organização. Há dados que cada pessoa do ambiente organizacional precisa conhecer para ajudar a empresa a ter sucesso. Essas informações podem ser transmitidas ("palestrante fantástico no auditório na sexta à tarde") ou enviadas a grupos específicos ("nossa reunião foi transferida para a sala do quarto andar").

Embora as pessoas – por exemplo, alguém de recursos humanos, da contabilidade, do jurídico ou da recepção – gerem a maioria das mensagens transmitidas, elas também podem ser orientadas para informar automaticamente em momentos críticos. Um sistema de processamento pode excluir eventos e exceções. O sistema de benefícios da empresa pode sinalizar mudanças na cobertura do plano de saúde ou acompanhar prazos. O sistema de gestão de aprendizagem pode alertar os colaboradores para a renovação de certificações ou anunciar um novo curso online.

Shel Israel, autor de *A Era do Twitter* e coautor de *Naked Conversation*, fala sobre o sistema de metrô de San Diego, um dos muitos sistemas públicos de transporte que usam o Twitter para dar aos passageiros informações em tempo real sobre atrasos, dificuldades e mudanças. Alistair Smith, secretário do conselho municipal de Newcastle (Inglaterra), comunica pelo Twitter o fechamento de escolas com mais alcance do que a rádio BBC.[20]

Os sistemas de compartilhamento oferecem acesso unificado a informações relevantes para cada um de nós, um de cada vez ou todos ao mesmo tempo.

---

19 B. Picciano em entrevista com os autores em 2009.

20 Esses exemplos de como as autoridades governamentais estão usando o Twitter são citados por Shel Israel em seu livro *A era do Twitter*, Campus, 2010.

A linguagem do Twitter[21]

Tweet (mensagem): as atualizações enviadas pelo Twitter. Você posta tweets. Você está twittando. Você twittou.

@nomedousuario: a identidade única no Twitter (por exemplo, @marciamarcia e @tonybingham). Pode ser também de uma empresa, por exemplo, @astd ou @betterkoehler. As pessoas com conta no Twitter também podem ser encontradas em http://twitter.com/nomedousuario.

Following (seguindo): pessoas com conta no Twitter que você escolhe seguir, isto é, acompanhar as atualizações.

Followers (seguidores): pessoas com contas no Twitter que escolhem seguir você, isto é, acompanhar suas atualizações.

Retweet - RT (replicação): reproduzir uma mensagem que você achou interessante, ou útil, que tenha sido postada originalmente por outra pessoa no Twitter.

Direct message - DM (mensagem direta): função do Twitter que permite contato privado com uma pessoa que é sua seguidora, iniciando a mensagem com a letra "D" e, depois, inserindo a identidade do usuário.

Reply - @ (resposta): maneira de enviar uma mensagem a uma conta individual no Twitter, que poderá ser vista por todos os seguidores daquela pessoa e os seus.

Hashtag - # (marcador): palavras ou acrônimos usados em uma mensagem no Twitter, precedidos por #, para facilitar que as pessoas sigam tópicos, comunidades, eventos ao vivo ou notícias de última hora.

Favorites (Favoritos): forma de marcar certas mensagens como as suas preferidas.

Lists (Listas): maneira de criar grupos de pessoas no Twitter cujas mensagens você deseja acompanhar continuamente. Você pode criar listas públicas que outras pessoas podem assinar, ou listas privadas para uso particular.

Stream (Fluxo): lista de mensagens geradas pelas pessoas que você segue.

Backchannel (Canal de retorno): lista de mensagens, geralmente usando um *hashtag* compartilhado, para seguir uma determinada conferência, apresentação ou evento.

Tweetup (Reunião de seguidores): grupo de pessoas que se encontra pessoalmente depois de se conectar pelo Twitter.

Shortener (Sintetizador): ferramentas que encolhem um endereço de internet para que sejam usados menos caracteres na mensagem.

---

21 As palavras de "A linguagem do Twitter" são usadas em inglês pelos usuários do site no Brasil, por isso mantidas neste glossário. (N. T.)

"Deixe-me ajudar você a aprender"

Há poucos anos, teria sido muito difícil imaginar que poderíamos ensinar qualquer coisa enviando 140 caracteres de cada vez. Mas, como os cursos e treinamentos têm aberto espaço para formas mais imediatas de instrução, o microcompartilhamento tem desempenhado importante papel nesse universo. Trocas informais de informação em tempo real complementam os eventos estruturados de aprendizagem.

Kelly Forrister, vice-presidente de aprendizagem interativa da The David Allen Company, tem usado o Twitter para conduzir aulas sobre o livro *A Arte de Fazer Acontecer*.[22] Ela selecionou dois módulos do livro, *GTD Weekly Review* e o *Mind Sweep*, porque de algum modo estabelecem modelos e estruturas. Então, criou uma conta especial no Twitter e, em datas e horários específicos, envia conteúdo – 140 caracteres por vez – para seus seguidores. As pessoas agem de acordo com a mensagem e enviam perguntas pelo @respostas.

Cerca de 1.500 pessoas seguem essa conta em todo o mundo. Há uma inundação de *feedback* sobre o valor dessa comunicação. Muita gente gosta especialmente de contar com alguém que sirva de guia durante um processo para o qual não tem disciplina ou motivação para cumprir por conta própria. Forrister não considera que isso substitua o instrutor ou o *e-learning*, mas que seja uma forte maneira de liderar as pessoas e de interagir com elas de forma virtual.[23]

O microcompartilhamento dá aos estudantes uma forma de lançar *insights* e questões para os colegas sem roubar o tempo do instrutor. A ferramenta pode proporcionar links para artigos, seminários na web e outras fontes de informação. Permite ainda ser aplicada para reforçar e manter o que se aprendeu. Os educadores podem postar dicas do dia, responder às perguntas dos alunos, passar tarefas e enviar alertas e lembretes sobre pontos-chave para manter o processo de aprendizagem. É uma maneira fácil de estimular o debate entre um grupo antes, durante e depois de qualquer tipo de evento. Como um time, todos podem compartilhar seus pontos de vista e práticas mais familiares.

Responda às críticas

Possivelmente mais do que qualquer outra mídia social, o microcompartilhamento parece frívolo para quem nunca o experimentou; até mesmo alguns que já usaram a ferramenta não veem sua utilidade. Para encorajar as pessoas a persistir no uso até

---

[22] David, A. *A arte de fazer acontecer*. Rio de Janeiro: Campus, 2005.
[23] K. Forrister em entrevista com os autores em 2009.

que vejam seu valor, você precisará conversar com elas sobre o assunto e mostrar especificamente como podem superar essa primeira impressão.

Apresentamos a seguir as contestações mais comuns que ouvimos e os argumentos que você pode usar em suas respostas.

Eu tenho muito a dizer

De início, pode levar muitos posts até que você consiga expressar o que quer dizer, mas com algum tempo vai descobrir a maneira de escrever com precisão. Cercados por mensagens que sugam nossa atenção e por distrações crescentes, todos nós precisamos de habilidade para elaborar mensagens claras e concisas. Depois de lapidada a técnica, você poderá aplicar o mesmo rigor em outras tarefas: responder perguntas, enviar instruções específicas ou lançar um produto. Só porque você pode explicar mais, não significa que deva. Seja breve, mesmo que o ato de escrever de forma sucinta leve mais tempo.

Utilize seus 140 caracteres para estatísticas interessantes, análises pessoais ou como um chamativo para um conteúdo longo e cheio de nuances publicado em seu blog, para comentários que você postou em outros sites ou para o seu perfil em uma comunidade online. Conecte as pessoas diretamente com o que você vê e conte a elas por que se importa com aquele assunto.

Eu não tenho tempo

"Não posso twittar. Tenho trabalho de verdade para fazer." Se você pensa assim, pergunte a si mesmo o seguinte: nos dois minutos entre um telefonema e uma reunião, poderia compartilhar o que aprendeu na ligação ou buscar *insights* para o próximo compromisso? E o que dizer do tempo em que fica esperando o início de um seminário pela internet ou, se tem um smartphone, a demora na fila do mercadinho ou do correio? Transforme seus minutos livres em momentos de aprendizagem.

Quando se conecta pelo microcompartilhamento com pessoas que têm os mesmos interesses pessoais e profissionais, você também pode estar economizando tempo. Elas podem ajudá-lo a encontrar as informações necessárias mais depressa do que o resultado de uma pesquisa no Google ou das mensagens RSS. Sua rede de relacionamentos repassa material útil para onde quer que esteja e do modo como você quer.

> O microcompartilhamento dá aos estudantes uma forma de lançar *insights* e questões para os colegas sem roubar o tempo do instrutor. A ferramenta pode proporcionar links para artigos, seminários na web e outras fontes de informação. Permite ainda ser aplicada para reforçar e manter o que se aprendeu.

Não posso usar porque a empresa proíbe

Considere a possibilidade de abrir uma conta pessoal no Twitter para usá-la em casa. Assim, quando sua empresa parar com as restrições, você já terá experiência com a ferramenta. Isso vai acontecer. A cada dia, mais empresas estão revendo suas políticas restritivas porque se dão conta de que os colaboradores levam smartphones nos bolsos. Ao mesmo tempo, uma geração mais jovem e de mentalidade digital espera que o ambiente de trabalho apoie a interação online.

Até lá, ou além disso, com o surgimento das ferramentas de microcompartilhamento para empresas, mesmo as organizações mais exigentes em questão de segurança podem trazer esses recursos para dentro de casa. Algumas ferramentas já oferecem a segurança de operar por trás de um sistema *firewall* de proteção, para preservar as informações confidenciais, patenteadas ou que possam identificar seus autores. Você pode encontrar mais informações sobre essas ferramentas em nosso site http://thenewsociallearning.com.

É só para gente jovem com tempo à disposição

CEOs e líderes da indústria de todas as idades já começaram a usar o microcompartilhamento para abrir o diálogo dentro de suas organizações, entre empresas e com clientes potenciais. Ao responder a poucas palavras e um ponto de interrogação, as pessoas oferecem um testemunho especializado, uma colaboração intuitiva e uma visão de mercado que as empresas jamais poderiam conseguir de outra forma.

Os líderes mais experientes ficarão contando a seus seguidores o que vão almoçar? Provavelmente, não. Farão observações enquanto aguardam um voo que está atrasado? Talvez. Eles acreditam que o microcompartilhamento agrega valor ao negócio? Com certeza.

Dan Cathy, diretor executivo de operações da rede de lanchonetes Chick-fil-A, contou-nos em entrevista que ele e a companhia são usuários entusiastas das ferramentas de microcompartilhamento: "Nós as vemos aumentando nossa influência... A razão de eu estar no Facebook não é porque não tenho mais nada para fazer com meu tempo. Com a minha atividade no Twitter, mais pessoas vão saber o que pratico ou o que prego".[24]

Bill Ives, vice-presidente de marketing da Darwin Ecosystems e veterano de 20 anos da indústria de software corporativo, assegura: "Essas ferramentas permitem que eu me conecte com pessoas inteligentes de qualquer idade e com todo nível de

---

24 D. Cathy em entrevista com os autores em 2009.

conhecimento tecnológico. Elas honram minha agenda cheia e mantêm meu foco no negócio".[25]

Isso é massacrante

O microcompartilhamento é um instrumento movido pelo acaso. Melhor do que achar que precisa acompanhar todas as mensagens, mantenha o foco apenas no que estiver à sua frente quando checar suas mensagens, respostas e *retweets*.

As mensagens curtas possibilitam que as atualizações sejam assimiladas como se fossem manchetes de jornais, registrando posts selecionados rapidamente, ignorando o que é desinteressante e retendo as mensagens que o cativam. Isto significa que você pode facilmente processar uma lista de mensagens e depois voltar sua atenção para outras tarefas.

Não recebo respostas

Às vezes, um novato no microcompartilhamento posta uma questão e ninguém responde. Isso ocorre com frequência quando a pessoa não tem muitos seguidores habituados a responder. Ou talvez a indagação não tenha sido feita de um modo que deixasse claro que você está esperando por uma resposta. Ou as pessoas talvez estejam ignorando sua pergunta porque não o conhecem.

O microcompartilhamento pode ser comparado a uma grande festa repleta de gente que você não conhece. Se você encostar perto do ponche ou dos canapés, provavelmente não vai bater muito papo. Em primeiro lugar, tenha em mente por que está lá. Os primeiros posts geralmente têm frases como: "tentando entender como isso funciona" ou "por que entrei aqui?". Depois, você começa a "ouvir" as conversas dos participantes, esperando uma boa oportunidade para se manifestar. Assim que for notado pelos outros, é provável que seja envolvido na conversa e descubra uma abertura para fazer uma pergunta. A partir desse ponto, a probabilidade de uma resposta é muito maior do que quando você apareceu pela primeira vez.

Busque por pessoas que dividam os mesmos interesses e que, possivelmente, tenham respostas para o tipo de perguntas que você faz. Depois que você entra na onda, se ainda não estiver obtendo respostas, dirija uma questão diretamente à pessoa que você gostaria de ouvir a respeito do assunto, mas também deixe claro que as respostas dos outros serão bem-vindas. Em vez de algo como "você sabe qual lente da Nikon funciona em uma câmera com abertura total de quadro?" – que pode ser interpretada como uma questão do tipo "sim" ou "não" –, tente

---

25 B. Ives em entrevista com os autores em 2009.

perguntar: "Alguém sabe se a lente Nikon AF-S VR 24-120 opera com a D700? Toda colaboração é bem-vinda".

Não sei como usar isso

Os tutoriais do Twitter estão em todos os lugares. Uma busca rápida vai resultar em blogs, cursos online, workshops presenciais, livros e vídeos de instrução no YouTube. Realmente, tudo o que se tem a fazer é abrir uma conta, conectar-se a várias pessoas mencionadas neste livro, pensar sobre o que anda atraindo sua atenção e nos contar um pouco sobre o que você tem aprendido.

Ao seguir pessoas que fazem suas contribuições com algo educacional, a aprendizagem vai zunir e fluir livremente. O fundador do Twitter, Jack Dorsey, diz: "O Twitter serve para conectar as pessoas com atualizações em tempo real que estimulam a conversa e expõem tendências".[26] Nós consideramos que o microcompartilhamento corporativo pode ser mais do que isso. Enquanto os blogs nos dão uma gráfica individual e de graça na internet, o microcompartilhamento proporciona uma conexão instantânea e em tempo real com as pessoas com as quais queremos aprender.

Nós desafiamos qualquer um que esteja lendo este livro a tentar o "Edu-Tweet" ao longo de uma semana. E depois nos conte pela conta @NewSocialLearn. Vamos aprender juntos sobre o que está acontecendo.

Recomendações

Tanto se você estiver interessado em usar o Twitter ou uma plataforma interna de microcompartilhamento, os primeiros passos são bem similares. A principal diferença é onde você se cadastrará.

Cadastre-se

Para criar uma conta no Twitter, vá para http://twitter.com. Se sua empresa já tem contrato com um fornecedor de plataforma de microcompartilhamento (ou o microcompartilhamento é um recurso de outra mídia social da empresa, como uma comunidade online), vá à página de entrada desse site para se cadastrar. Caso sua empresa ainda não tenha começado a trabalhar com uma ferramenta interna, você pode encontrar uma lista de fornecedores no site http://thenewsociallearning.com, que apresenta um pouco dos diferenciais e dos benefícios de cada uma.

---

26 Dorsey, J. *Jack Dorsey Presents Twitter*. Disponível em http://www.vimeo.com/1094070?pg=embed&sec=1094070. Acesso em 22/7/2010.

Basicamente, você entra no site do fornecedor, preenche algumas informações sobre sua empresa para criar a conta e se cadastrar. Assim que criar um nome de usuário e uma senha, serão solicitadas outras informações, como uma biografia básica, uma foto e um link em que as pessoas possam saber mais sobre você. Não deixe para incluir esses detalhes depois – especialmente a foto –, porque são eles que caracterizam alguém realmente interessado em interagir.

Comece de forma inteligente

Use suas primeiras mensagens para estabelecer o tipo de informação que lhe interessa e que você provavelmente vai compartilhar ao longo do tempo. Seguidores em potencial vão olhar suas mensagens prévias para saber se querem segui-lo no futuro.

Poste regularmente

Construa uma comunidade leal de seguidores que não veem a hora de aprender com você. Faça uma postagem por dia, várias vezes por dia ou sempre que sua agenda (ou nível de atenção) permitir. Como as pessoas usam o Twitter em qualquer parte do mundo, sempre existe alguém lendo as mensagens.

Deixe os posts curtos

Com espaço para apenas 140 caracteres, não desperdice palavras. Conte com a ajuda de um dicionário de sinônimos e aprenda algumas abreviaturas. Quando publicar links de sites, use um encolhedor de URL, como o http://bit.ly. Quando escrever, faça uma mistura entre tipos de posts, incluindo *retweets* (RT), *@replies* (respostas), pensamentos originais e ofereça links para os conteúdos de outras pessoas.

Siga com cuidado

Identifique pessoas com as quais tem interesses comuns e siga-as. Verifique na homepage delas com quem interagem e quem seguem. Encontre gente nova buscando tópicos que o atraem. No Twitter, procure empresas, concorrentes e líderes de mercado para entender como eles usam essas ferramentas. Na sua empresa, busque contato com pessoas de outros departamentos, diferentes regiões geográficas e de fora do seu círculo usual.

Use a mobilidade

Procure aplicações no Twitter especificamente formatadas para aparelhos portáteis, para que possa postar em movimento. O que você perde em tela, ganha em conveniência.

Interaja

Quando você vir uma postagem que chama sua atenção ou que faz uma pergunta, responda. Contribua. Entre na conversa. Quando tiver seguidores, verifique os @ *replies* na margem da sua homepage para ver quem está em conexão com você.

Faça listas

No Twitter ou em sistemas internos com as mesmas características, crie uma lista com as contas das pessoas interessadas em um tópico específico. Isso ajuda a focar rapidamente nas mensagens sobre aquele assunto. Olhe para as listas de quem você segue para ver quem mais poderia ser seguido, ou para acompanhar os posts de quem eles seguem.

Vire um especialista

Depois de experimentar o Twitter por um tempo, você pode achar mais conveniente adicionar aplicativos para gerenciar seus seguidores e a sequência de mensagens. Procure na internet pelas diversas ferramentas que ajudam a tirar o melhor de sua experiência no Twitter. O oneforty (http://oneforty.com) é um diretório online e uma loja de ferramentas criadas especificamente para o uso do Twitter. A maioria é gratuita e fácil de baixar.

Seja você mesmo

O microcompartilhamento funciona melhor quando você se apresenta de forma autêntica. Uma mensagem com 140 caracteres não dá espaço extra para distorcer mensagens ou divulgar produtos (embora muita gente tente). Compartilhe com as pessoas o que você está pensando, do que você precisa e como, juntos, podem criar faíscas.

5

Cultivando a inteligência coletiva

As ferramentas de colaboração são os órgãos respiratórios que refletem a natureza viva das organizações hoje em dia. — Don Burke, Reitor da Intellipedia da CIA

Em 7 de julho de 2005, três bombas explodiram com um intervalo de 50 segundos em três estações de metrô de Londres. Uma quarta explodiu uma hora mais tarde em um ônibus de dois andares em uma quadra movimentada do centro da cidade. Juntas, as bombas mataram 56 pessoas, incluindo quatro bombeiros, e feriram aproximadamente 700 outras no curto período da hora do *rush* durante a manhã, deixando em estado de alerta agências de segurança em todo o mundo. Sean Dennehy acompanhou o desenrolar dos eventos de "7/7" do quartel-general da Agência Central de Inteligência (CIA), em Washington.[1]

Fazia pouco tempo, Dennehy recebera aprovação para coordenar um projeto wiki pequeno e confidencial e, junto com o analista sênior da CIA Calvin Andrus, ofereceu-se para ser o consumidor-piloto de uma comunidade de inteligência – ambos estavam prontos para entrar em ação. Uma plataforma wiki (palavra havaiana que significa *rápido – quick,* em inglês) permite que um grupo de usuários faça alterações no conteúdo de uma página compartilhada pela internet.

Dennehy não tinha como evitar a comparação entre a rapidez com que a Wikipedia – a maior plataforma wiki do mundo – conseguiu sintetizar as informações

---

[1] S. Dennehy em entrevista com os autores em 2009.

sobre os atentados e o processo tradicional da inteligência, no qual cada analista busca seus contatos, escreve relatórios e os publica nos sistemas individuais de suas agências. A sobreposição de dados aparecia por todos os lados, cada analista focando somente nas necessidades da agência em que trabalha, enquanto tentava ampliar o cenário e o escopo do evento.

Um ano antes, Andrus havia escrito um relatório chamado *The wiki and the blog: toward a complex adaptative intelligence community*, detalhando a necessidade de a comunidade de inteligência adaptar-se ao novo ritmo do mundo.[2] Com as novas ferramentas tecnológicas, os analistas da comunidade de inteligência poderiam estender para a internet os processos já existentes de geração de ideias e diálogo – com apenas alguns cliques do mouse. Andrus destacou a ampla gama de benefícios para a comunidade com ferramentas de colaboração e conteúdos gerados pelos usuários.

Durante décadas, o sistema de inteligência dos Estados Unidos esteve estruturado para responder a situações estáticas ou com o desenrolar bastante lento da época da Guerra Fria, como a localização de mísseis ou a construção de submarinos nucleares soviéticos. O que os Estados Unidos precisavam, depois do 11 de setembro, argumenta Andrus, era de um sistema que pudesse lidar rapidamente com mudanças e ameaças complexas. As organizações de inteligência precisavam ser capazes de se adaptar, focar em avaliações feitas com uma colaboração de baixo para cima, parecidas com o mercado financeiro ou uma colônia de formigas – ou com a Wikipedia.

A Wikipedia não parecia ser o modelo perfeito, mas apresentava-se como uma maneira interessante para que os analistas de inteligência registrassem, compartilhassem e cruzassem relatórios de eventos mundiais. Nas organizações de inteligência, assim como na política ou nos negócios, o que é novo e cativante sempre obtém mais atenção do que as informações essenciais que todos já deveriam conhecer. Algumas páginas wiki incluiriam análise ativa. Outras apresentariam relatórios de atividades passadas que pudessem fornecer contexto útil para situações atuais.

Dennehy acreditava que o modelo wiki poderia registrar e integrar histórias, além de definir questões de uma forma que também mostrasse aos contribuintes e aos leitores o que tinha sido escrito, adicionado e editado previamente e o que não tinha abordagem acadêmica. Ainda poderia dar às pessoas, no futuro, *insights* contextualizados e um modo de se referir ao trabalho de outras pessoas sem repetir os mesmos detalhes periféricos.

Por volta do mesmo período, o analista de inteligência Don Burke estudava a natureza mutante da análise e como a CIA poderia aprimorar o processo de registrar

---

2 Andrus, D. C. *The Wiki and the Blog: Toward a Complex Adaptive Intelligence Community*. Disponível em http://ssrn.com/abstract=755904. Acesso em 20/6/2010.

o próprio conhecimento. Como parte dessa atividade, ele começou a aprender sobre as wikis e a colaborar em uma wiki interna da CIA. Quando Burke soube do trabalho de Dennehy, começou a editar e mexer com a novidade, que ainda era um piloto de comunidade colaborativa, agora chamada Intellipedia.[3]

Logo, Burke e Dennehy começaram a se esbarrar pela wiki, ambos escrevendo sobre o poder da colaboração, adicionando estratégias filosóficas e processuais de como a ferramenta poderia ser mais bem aplicada pela comunidade de inteligência. Quando, ainda online, resolveram marcar um contato pessoal, ficaram surpresos por constatar que trabalhavam no mesmo prédio. Entretanto, ao se encontrarem cara a cara, já haviam solidificado sua parceria. Quando o projeto de Burke terminou e a Intellipedia foi anunciada oficialmente para toda a comunidade de inteligência, ele foi transferido de sua posição de gestão para formar uma parceria com Dennehy, atuando em tempo integral na Intellipedia.

Cinco anos depois das bombas de 7 de julho em Londres, os relatórios da inteligência sobre os eventos ainda existiam em 2010. Alguns são recuperáveis, mas poucos oferecem às pessoas a possibilidade de analisar histórias similares, comparar padrões e *insights* que poderiam ajudar a prevenir novos incidentes. Quem escreveu os relatórios de 7/7 seguiu para novos alvos, novos projetos. Seu conhecimento anterior foi considerado "finalizado", embora tenha feito pouco para estabelecer um conhecimento histórico e proporcionar coesão, que são práticas básicas para um processo de mudança. Os relatórios muitas vezes não trazem os nomes de seus autores, devido a preocupações com a contrainteligência, de modo que outros analistas não têm ideia de quem contatar para um embasamento maior.

No passado, cada um entre as centenas de relatórios sobre qualquer crise sobrevivia separadamente. Mesmo quando havia coordenação, um documento redigido para atender às necessidades específicas de um cliente interno podia ter basicamente as mesmas informações de outros relatórios, mas não chegar às mesmas conclusões. Isso significava que cada leitor teria de localizar e sintetizar centenas de documentos e determinar o que era diferente e o que era igual para descobrir a perspectiva da comunidade de in-

> O que os Estados Unidos precisavam, depois do 11 de setembro, argumenta Andrus, era de um sistema que pudesse lidar rapidamente com mudanças e ameaças complexas. As organizações de inteligência precisavam ser capazes de se adaptar, focar em avaliações feitas com uma colaboração de baixo para cima, parecidas com o mercado financeiro ou uma colônia de formigas – ou com a Wikipedia.

---

3 D. Burke em entrevista com os autores em 2009.

teligência sobre um assunto. Havia informação demais para ser reunida e resumida de modo útil.

Dennehy, Burke e cerca de outros trinta usaram o artigo de Andrus, a primeira *Estratégia de Inteligência Nacional*, recomendações sobre o 11 de setembro e as comissões sobre armas de destruição em massa do Iraque, além de outros documentos, para apresentar a Intellipedia à comunidade de inteligência. Embora o artigo de Andrus tenha abordado as diversas razões que consideravam a wiki um ativo para a segurança nacional, a resistência cultural e a negação permaneceram inabaláveis. Inicialmente, os analistas que eram chamados a participar alegavam estar muito ocupados ou, simplesmente, preferiam usar o antigo banco de dados proprietário, gerenciado por agências individuais.

Outros não viam esta abordagem social e colaborativa em sintonia com suas organizações, tão dirigidas para missões, porque não seria fácil mensurar o impacto das informações geradas por tanta gente. O foco individual é uma maneira poderosa de manter as pessoas na linha, mas também prejudicial porque é muito tática e carece de visão.

Uma das maiores batalhas foi convencer as pessoas com a mente focada em segurança de que o sistema seria protegido contra invasores. Para minorar as preocupações, a Intellipedia foi estruturada dentro da rede segura e confidencial já existente, conhecida como Intelink, que faz a conexão entre as agências de inteligência dos Estados Unidos, o exército americano, o Departamento de Estado e outras instituições com acesso a dados de inteligência.

> Quando Sean Dennehy e Don Burke receberam a incumbência de ampliar o compartilhamento de conhecimento na comunidade de inteligência, em 2005, era como ser chamado a fazer propaganda do vegetarianismo no Texas. Contra todas as probabilidades, esses analistas da CIA tiveram sucesso ao promover uma ferramenta que rompe com a cultura predominante, aumenta o fluxo de informações e, por fim, contribui para tornar os Estados Unidos mais seguros.

A meta era derrubar as barreiras do compartilhamento e do registro de conhecimento, demonstrando que não há limites geográficos para a inteligência.

Passados alguns anos, já como uma iniciativa sancionada, com dezenas de milhares de usuários cadastrados e mais de 10 mil páginas editadas por dia, a Intellipedia dá às pessoas o que elas precisam e no momento em que precisam. Em 2009, o tráfego na Intellipedia ficou tão pesado que o escritório do diretor de Inteligência Nacional teve de buscar verba extra para ampliar a capacidade de seus servidores.

O conteúdo do site, gerado em tempo real pelos usuários, foi crucial no desdobramento de diversos eventos importantes. Por exemplo, em fevereiro de 2007, quando insurgentes iraquianos fizeram vários ataques improvisando bombas impregnadas de cloro, alguém criou uma página wiki, perguntando o que os oficiais da inteligência e outros profissionais em ação de campo deveriam fazer para coletar evidências do uso desse gás venenoso. Logo, 23 pessoas localizadas em diferentes partes do mundo manifestaram-se para criar um conjunto de instruções em dois dias. Nenhum minuto foi gasto em reuniões.

Outro exemplo de mudança visível nas práticas e aprendizagens ocorreu quando dez militantes islâmicos tomaram dois hotéis em Mumbai, na Índia, em 26 de novembro de 2008. Analistas dispersos pelo mundo convergiram para uma nova página criada na Intellipedia, específica sobre os ataques, que eles atualizavam constantemente conforme surgiam novas informações. Durante os três dias em que durou o impasse, a página recebeu mais de 7 mil visitantes e ficou suficientemente abastecida para a compreensão e a análise do ataque.

Durante as Olimpíadas de Pequim, uma questão pessoal impediu um analista de redigir os documentos oficiais sobre o evento, mas as informações que ele editara na Intellipedia em anos anteriores proporcionaram análises inestimáveis para aqueles que tiveram de escrever os relatórios. Quando o assunto Pequim veio à tona, outras pessoas da comunidade de inteligência tinham um ponto de partida e um contexto para evitar equívocos. Milhares de exemplos como esse, mostrando que pessoas conectadas são mais poderosas do que o mesmo grupo trabalhando individualmente, são necessários até que essa forma de trabalhar se torne parte da malha da inteligência coletiva.

A Intellipedia não objetiva produzir análises "terminadas" – um termo muito usado na comunidade de inteligência para se referir a relatórios completos entregues para a tomada de decisão. Estes ainda são redigidos no velho estilo e circulam para a revisão dos pares e formação de consenso. Em vez disso, a Intellipedia incorpora um mundo em constante mudança que, apesar de nunca estar completo, pode oferecer lições a qualquer instante. A enciclopédia de inteligência online também proporciona dados mais exatos do que no passado porque um amplo grupo de especialistas, que ajuda a manter o material atualizado e preciso, pode escrutinar e retificar o que está escrito.

A CIA é apenas uma entre as organizações de inteligência, diplomáticas e militares dos Estados Unidos que utilizam a Intellipedia em redes confidenciais, secretas ou não identificadas. Burke e Dennehy têm sido dois dos mais visíveis proponentes desse novo modelo, mas o sucesso da Intellipedia deriva de um grupo essencial de defensores, que trabalhou silenciosamente dentro de suas organizações para demonstrar e articular como a plataforma wiki poderia ser usada para aprimorar a missão da comunidade de inteligência.

Gerenciada pelo escritório da Direção Nacional de Inteligência (DNI), a Intellipedia registra situações atuais porque dá livre acesso e direito de atualização a 16 agências da comunidade de inteligência dos Estados Unidos. Em 2008, os direitos de acesso à Intellipedia foram concedidos aos oficiais da lei de estados e municípios, para que também eles pudessem se beneficiar de conhecimento relevante e atualizado.

No entanto, organizar e manter a Intellipedia ativa não é uma tarefa fácil, especialmente quando não está incluída na rotina diária das pessoas. Às vezes, Dennehy, que hoje é divulgador da Intellipedia e do Enterprise 2.0, sabe que alguns analistas poderiam ter uma conversa produtiva na Intellipedia e depois também documentar a troca de informações no sistema oficial da agência.

A análise de inteligência deveria ser um processo de trabalhar sobre os problemas e tentar encontrar soluções mais precisas. A Intellipedia é ideal para isso. Greg Treverton, diretor do centro para risco global e segurança da Rand Corporation, afirma que "se em algum momento acessar os dados, vai dizer: 'Aqui está o melhor quadro para a compreensão nesse momento'".[4]

> A Intellipedia não objetiva produzir análises "terminadas" – um termo muito usado na comunidade de inteligência para se referir a relatórios completos entregues para a tomada de decisão. Esses ainda são redigidos no velho estilo e circulam para a revisão dos pares e formação de consenso. Em vez disso, a Intellipedia incorpora um mundo em constante mudança que, apesar de nunca estar completo, pode oferecer lições a qualquer instante.

Dennehy afirma que "é importante observar como chegamos até a inteligência terminada. A Intellipedia faz isso tornando o processo mais social e gerando um diálogo que é transparente".

"Além da análise, nós precisamos de pessoas capazes de criar um ecossistema de conhecimento que não objetiva especificamente responder às questões do amanhã, mas gerar um universo de informações que são conectadas. É como se estivesse vivo", acrescenta Burke.

A Intellipedia é gerenciada, em sua maioria, por voluntários e supervisionada por "pastores", que respondem a perguntas e cuidam de páginas individuais em suas áreas de especialidade. Como na Wikipedia, a autoria dos textos é clara. Não existem nomes crípticos de usuários para esconder a autoria. As pessoas podem saber bem depressa de onde vêm as ideias.

A Intellipedia transformou-se em um leque brilhante de possibilidades para estruturar um novo modelo de trabalho graças às incontáveis contribuições dos indivíduos que postam blogs, editam informações, marcam páginas e convencem outros a experimentar a ferramenta. Representa os esforços de milhares de profissionais da inteligência e da segurança nacional, que muitas vezes tiveram de nadar contra a corrente em uma cultura de *status quo*. Possibilita que agentes federais compartilhem informações, inteligência, evidências, dicas e embasamento para além dos limites

---

4 Calabresi, M. *Wikipedia for Spies: The CIA Discovers Web 2.0*. Disponível em http://www.time.com/time/nation/article/0,8599,1890084,00.html. Acesso em 20/6/2010.

físicos da agência. E funciona como um centro de distribuição onde as pessoas podem rapidamente colher dados importantes para seu trabalho.

A Intellipedia começa a despir uma antiga mentalidade de "precisar saber", dando a vez para uma cultura de "precisar compartilhar". É um exemplo de que a colaboração tem impacto sobre o desenrolar das situações.

Aumente o QI coletivo

Observe um grupo de crianças de 4 anos construindo um arranha-céu com papelão e você vai achar que tudo é possível. Uma delas conta o que imagina sobre o prédio, outra vai buscar as caixas e uma terceira começa a limpar a área, antecipando que algo grande será erguido ali. Ninguém lhes ensinou os papéis que deveriam assumir nem apontou as oportunidades. Cada uma enxerga algo maior do que poderiam fazer sozinhas (ou, pelo menos, antes de terminar a hora de brincar), e elas aderem à ação, *coletivamente*.

A colaboração é algo que sabemos como fazer desde sempre. Trabalhar em conjunto para produzir algo mais significativo do que uma pessoa poderia fazer sozinha é uma prática que remonta ao início dos tempos.

As ferramentas modernas de colaboração, quando usadas simultaneamente por várias pessoas, permitem uma mudança no pensamento individual sobre a energia e a inteligência que podemos produzir juntos. Adicione a isso a natureza complexa e urgente dos problemas enfrentados pelas organizações hoje em dia – que crescem mais depressa do que a capacidade individual para compreendê-los e lidar com eles – e ficará claro por que devemos tirar proveito das ferramentas de colaboração para trabalhar coletivamente.

"Se você perguntar a alguém quais dados a pessoa gostaria de compartilhar e com quem, ela desiste, arrasada", afirma Adina Levin, cofundadora do Socialtext e visionária dos softwares colaborativos. "Mas, quando as ferramentas capacitam as pessoas a dividir informações sobre elas mesmas, sobre suas empresas e os assuntos urgentes que precisam resolver – no contexto de quem estão encontrando e no que estão trabalhando –, as pessoas tomam ótimas decisões e criam redes sociais digitais reais."[5]

A Intellipedia é gerenciada, em sua maioria, por voluntários e supervisionada por "pastores", que respondem a perguntas e cuidam de páginas individuais em suas áreas de especialidade. Como na Wikipedia, a autoria dos textos é clara. Não existem nomes crípticos de usuários para esconder a autoria. As pessoas podem saber bem depressa de onde vêm as ideias.

---

5 Levin, A. BookBlog. Disponível em http://www.alevin.com/?m=200909. Acesso em 20/6/2010.

Este capítulo apresenta as oportunidades e desafios das pessoas que trabalham juntas para desenvolver resultados que reflitam o momento atual e que deem suporte ao grande mundo que está ao redor delas. Trabalhar junto não é algo novo, mas registrar percepção, pensamentos e ideias necessárias, para compreender o contexto total de um problema e produzir algo que permaneça, é revolucionário.

Trabalhos publicados representam pontos congelados no tempo. Quando um analista da CIA gera "inteligência terminada" ou uma empresa de consultoria escreve sobre as plataformas wiki em um relatório tradicional, a informação está instantaneamente datada. Poderia ser extremamente valiosa, mas no segundo em que é impressa no papel deixa de ser uma novidade fresca.

Para ajudar a manter a informação atualizada, crie sistemas que permitam contribuições e acréscimos de todas as pessoas interessadas ou que tenham pontos de vista diferentes. Assim, esse grupo poderá registrar, organizar, compartilhar e usar esse conhecimento emergente e dinâmico. Isso leva a um conteúdo vivo e aos meios para fortalecer a integração, de modo a antecipar ou responder rápida e inteligentemente a uma situação, o que eleva o patamar da percepção coletiva.

É possível pensar nas ferramentas de conteúdo dinâmico (aquelas da categoria geral de wiki ou ferramentas específicas, como a Google Docs ou a DimDim) como plataformas maleáveis de publicação. São tecnologias menos estruturadas do que aquelas usadas para criar comunidades online ou para suportar mídia – e microcompartilhamento. No entanto, podem satisfazer a muitos objetivos diferentes para colaboração, treinamento, registro de dados e aprendizagem.

O sucesso dessas ferramentas deve ser mensurado não pelo número de pessoas que as utilizam, mas por um resultado mais distinto: o desenvolvimento de algo mais amplo, profundo e inovador do que as pessoas poderiam criar sozinhas. O valor aumenta com a habilidade de incorporar conteúdos que parecem vivos, modelando-se ao longo do tempo para representar o estado atual do que já é conhecido, além do status da capacidade da rede de identificar e agir sobre o que é relevante.

Doug Engelbart, pai da computação pessoal e um defensor por quase meio século da criação de ferramentas de colaboração para ampliar o trabalho coletivo, considera que as respostas estão bem na nossa frente – precisamos é alcançá-las.[6] O que aconteceria se grupos de pessoas pudessem acessar rapidamente seu conhecimento coletivo antes de tomar decisões, evitando todo o ruído ao redor e indo direto às informações mais relevantes? Isso aumentaria muito a nossa capacidade de lidar com problemas complexos e urgentes – para obter a melhor compreensão de uma situação, incluindo as melhores soluções possíveis.

---

6 Landau, V.; Clegg, E.; Engelbart, D. *The Engelbart Hypothesis: Dialogs with Douglas Engelbart*. Next Press, 2009.

O sucesso de qualquer organização ou equipe está baseado em seu QI coletivo, uma medida de quão bem as pessoas atuam *coletivamente* diante de desafios e problemas importantes. Ele se torna uma medida de quão eficazes nós somos diante de equipamentos complexos, problemas urgentes e oportunidades, e com que eficácia um grupo pode atualmente desenvolver e aplicar seu conhecimento em uma missão.

Compartilhe o tempo

O poder das ferramentas de conteúdo colaborativo está na capacidade de oferecer um endereço único em que as pessoas reúnem suas ideias, as analisam com seus pares e as publicam de uma forma que possam ser revisadas e revisitadas, representando múltiplos pontos de vista.

Para as ferramentas de mídias sociais que podem ser usadas para aprendizagem e trabalho conjunto, sistematizando a natureza multifacetada da informação, Burke e Dennehy identificaram três qualidades que despontam como sinais de sucesso: vibração, sociabilidade e relevância.

Ferramentas em uso

Jesse Wilson, que trabalha no Centro de Excelência em Inteligência do Comando Central dos Estados Unidos para o Afeganistão e o Paquistão, descreve da seguinte maneira sua atuação com essas ferramentas dinâmicas:

"Eu uso essas ferramentas de diversas maneiras, mas vou dar três exemplos. Primeiro, acompanho todo dia os assuntos sobre os quais tenho responsabilidade. Todo mundo do meu grupo tem uma escolha: guardar a informação em pastas só acessíveis por pessoas de um departamento ou, então, publicar aquele conhecimento em páginas baseadas no assunto e independentes de departamento. Escolhi a segunda opção. E, quando outras pessoas fazem isso, você não apenas reúne todo o conhecimento coletivo da comunidade, mas também começa a construir uma rede social com outras pessoas trabalhando em cima dos mesmos temas.

"Eu lhe darei um exemplo. Apareceu um determinado assunto. Melhor do que soltar um relatório atualizado toda semana, integramos nosso conhecimento em uma página wiki, que ficou pronta em questão de segundos, e convidamos o maior número possível de pessoas para contribuir. Em alguns meses, essa página foi editada 500 vezes e vista mais de 12 mil vezes por pessoas em toda nossa comunidade. Tivemos 13 escritórios colaborando com a página. Foi impressionante.

"Também a usamos para acompanhar as atividades e a produtividade semanais da nossa equipe. Antigamente, sexta-feira era o dia em que compilávamos uma lista do que eles tinham feito ao longo da semana, normalmente mandando uns tantos e-mails para lá e para cá e, de vez em quando, fazendo uma lista para mandar ao nosso chefe, para que ele mandasse ao chefe dele. Agora, em vez disso, nossa equipe vai alimentando a página com tópicos ao longo da semana e, na sexta, só temos de mandar o link para o nosso chefe.

"Finalmente, a outra forma como uso a wiki é para carregar arquivos grandes que não quero enviar por e-mail para centenas de pessoas, entupindo suas caixas postais. Em vez disso, subo o arquivo e passo o link por e-mail. Essa é uma maneira muito mais eficiente de compartilhar conhecimento."

Fonte: J. Wilson em entrevista com os autores em 2009.

Vibração

As ferramentas de conteúdo dinâmico, similares à sua contrapartida social – como as comunidades online, os sites de compartilhamento de mídia e até os espaços de microcompartilhamento –, são mensuradas pela sua vibração e capacidade de energizar as pessoas que as utilizam. Elas colocam em evidência as necessidades das pessoas, seus interesses, paixões e emoções.

É a vibração que caracteriza esse espaço convidativo e cheio de energia, em que as pessoas querem estar. O espaço é dinâmico, vivo. As pessoas retornam porque encontram valor ali.

Imagine uma festa. Quando você chega, leva apenas alguns segundos para julgar se quer permanecer ou dar o fora. Pessoas são excepcionalmente boas nessas avaliações. É primordial. Temos milhões de anos de evolução em nosso DNA nos precavendo contra lugares mortos, em que nos perguntamos: "É arriscado, para mim, ficar aqui?".

Quando um espaço colaborativo está efervescendo de atividade, a forma segue o conteúdo, e não o contrário. O planejamento vai girar em torno de como conquistar "mais olhos sobre o conteúdo" para melhorar a precisão, acrescentar perspectivas, detalhes, e mostrar que o novo está sendo registrado.

Isso nos coloca diante de uma questão do tipo "o ovo ou a galinha". Alguém tem de criar a vibração, abrir o espaço e receber os convidados. Alguém tem de tocar o barco. A Intellipedia teve sucesso porque, no início, um grupo de pessoas mostrou disposição de contribuir antes que houvesse razão para isso, antes que outros participantes chegassem.

O Spacebook da NASA, uma comunidade online de colaboração e compartilhamento, tornou-se um sucesso porque sua desenvolvedora, Emma Antunes, a gerente de web do Goddard Space Flight Center, buscou especificamente conteúdo gerado pelos usuários. A primeira cara do Spacebook era a de um grupo de discussões, um lugar para os novos colaboradores se encontrarem e um fórum de intercâmbio de equipamentos, parecido com o Craigslist. Essas funcionalidades foram criadas, antes de tudo, para que as pessoas pudessem ver imediatamente os benefícios pessoais e o sucesso organizacional de cada colaboração.[7]

Na NASA, o desafio de encorajar a adoção e a participação ativa – vibração – era elevadíssimo porque o site estimulava a comunicação e a colaboração fora dos canais burocráticos que as pessoas conheciam.

Sociabilidade

Se, como Woody Allen disse, 80% do sucesso está em se exibir, pelo menos 10% dos 20% restantes exigem interação com as pessoas em volta que possam contribuir para esse sucesso.

Caso as pessoas não conversem e não se ajudem reciprocamente, as ferramentas sociais não vão trazer muito benefício. A interação entre as pessoas amplifica as contribuições individuais. Artigos sobre assuntos semelhantes podem transformar ruído em música quando sintetizados e intercruzados.

A fabricante de microprocessadores Intel tem um rico ambiente de colaboração wiki, que se chama – você adivinhou – Intelpedia. Iniciado em 2005, é o epítome da sociabilidade. Com um total de mais de 44 mil páginas, os temas variam de um dicionário de acrônimos da Intel até dicas para montar apresentações, e a wiki inclui mais de 13 mil arquivos publicados por grupos de negócios.

O sucesso dessa wiki levou ao aumento da visibilidade da computação social e ao lançamento na Intel do Planet Blue, uma ferramenta online de rede de relacionamentos profissionais e comunidade. Os colaboradores agora têm páginas pessoais com informações de contato e dados biográficos, debates em tempo real e espaços para os grupos se encontrarem quando trabalham juntos. A cultura autoritária do tipo *ouça somente os experts* foi substituída por uma que acolhe tanto o parecer dos especialistas quanto dos novatos e que se estende por toda parte do mundo, oferecendo soluções criativas para os mais novos desafios.

Com mais de 125 milhões de acessos, mais de 325 mil contribuições, uma média de mais de sete colaborações por página e mais de 380 visitas para cada contribuição, parece que a sociabilidade está tomando conta da Intelpedia.

Um dos grupos mais ativos é a comunidade de prática de aprendizagem da Intel, que reúne pessoas das áreas de negócios do mundo todo, interessadas, é claro, em desenvolver a aprendizagem comum. Antes, com mais de 50 grupos de treinamento e muito mais gente em papéis não identificados na área, era impossível conectar

---

[7] Eggebrecht, M. *Social Networking Takes Flight at NASA*. Disponível em http://www.ciozone.com/index.php/Case-Studies/Social-Networking-Takes-Flight-at-NASA.html. Acesso em 20/6/2010.

todos com a comunidade de aprendizagem. Agora, entretanto, 320 dos mais de mil colaboradores vinculados a essa comunidade já compartilham uma conversa global. Quando alguém faz uma pergunta, é questão de segundos – não minutos, nem horas – até que uma pessoa dê uma resposta.

Um ano depois de um famoso workshop sobre desenvolvimento de carreira, uma comunidade colaborativa foi criada para aqueles que continuaram interessados no assunto. Os colaboradores compartilham ideias, questões e até oportunidades de carreira, enquanto se apoderam do que aprenderam sobre eles mesmos no workshop e aplicam esse conhecimento em seu dia a dia de trabalho.

A PERL Programming Community é apenas uma entre as dúzias de espaços colaborativos para programadores e engenheiros da Intel compartilharem dicas vindas do mundo inteiro, reduzindo o tempo que levam para ter mais competência e encontrar soluções. Ao longo do caminho, eles documentam as melhores práticas, exploram novas ideias e atualizam-se – um ao outro – sobre a evolução de seus trabalhos.

Outra comunidade colaborativa da Intel é a de treinamento e desenvolvimento, um grupo com cerca de 200 pessoas espalhadas pelo mundo. Desde que a comunidade foi criada, seus integrantes suspenderam o envio de e-mails em massa, exceto aqueles que indicam discussões ocorrendo em outras partes do Planet Blue. Suas reuniões periódicas, cheias de gente, agora também têm um componente online.

Allison Anderson, gerente do programa de inovação em aprendizagem da Intel, aponta que, com esses espaços colaborativos e debates vibrantes, as organizações podem ir muito além do *benchmarking*, uma prática que só registra o que veio antes.[8]

Relevância

Qual a vantagem de um intercâmbio social vibrante se não for pertinente às pessoas e à missão da sua organização?

Quatro anos seguidos de crescimento na casa dos dois dígitos tornaram o treinamento e a retenção de talentos uma prioridade no T. Rowe Price Group, empresa de gestão de investimentos sediada em Baltimore. Também fez com que Michael McDermott, vice-presidente de treinamento e desenvolvimento organizacional, passasse a ser um sujeito muito ocupado. Em vez de criar mais cursos tradicionais, ele trabalhou com a área de TI para lançar o Discovery, uma ferramenta colaborativa de gestão do conhecimento, baseada em plataforma wiki, que se estende por toda a companhia e incorpora fóruns online, agregadores de conteúdo (RSS), indicação de páginas favoritas, *tags* e mecanismo de busca.

---

8 A. Anderson em entrevista com os autores em 2009.

Com o Discovery, os usuários podem formular questões complexas e registrar as respostas, criando novas e emergentes categorias de informação relevante. O programa aumentou a capacidade da empresa para publicar e atualizar dados rapidamente. A funcionalidade robusta de busca reduziu o tempo de procura por respostas e ampliou a entrada de informações para uso futuro.

O Discovery também serve de infraestrutura para um dos poucos cursos novos que a empresa lançou, chamado *Construindo a Capacidade de Mudança*. Os usuários podem acessar um site wiki, blogs e outras mídias sociais que complementam o material didático. Também podem manter conversações em tempo real e contribuir com o conteúdo do curso, o que o torna melhor e mais aplicável ao longo do tempo.[9]

Avaliados em conjunto, os graus de vibração, sociabilidade e de relevância oferecem um modo diferenciado de avaliar o sucesso de um ambiente colaborativo. De uma forma mais poderosa, esses critérios servem como uma medida objetiva da qualidade e da reputação das contribuições de uma pessoa ou de um grupo. As pessoas estão colaborando? Como, quando, onde e com qual frequência? Estão interagindo de um modo positivo? Uma análise de sentimentos também pode ser aplicada. As contribuições de conteúdo têm um tom para cima? As pessoas estão debatendo, trocando ideias e cruzando conteúdos de uma maneira saudável?

Tais mensurações permitem que as empresas avaliem seus colaboradores não somente por seus resultados diretos (número de relatórios, contas conquistadas ou horas de trabalho), mas também pelo modo como são capazes de facilitar e estimular a comunidade de colaboração virtual, contribuindo para algo que é maior do que eles próprios.

Allison Anderson, gerente do programa de inovação em aprendizagem da Intel, aponta que, com esses espaços colaborativos e debates vibrantes, as organizações podem ir muito além do *benchmarking*, uma prática que só registra o que veio antes.

Rompa com o passado

As tecnologias emergentes e a necessidade de agilidade levaram à criação de sites com conteúdo dinâmico. Muitos dos ambientes mais ativos e bem-sucedidos, incluindo a Intellipedia e a Intelpedia, incorporaram as novas tecnologias e a cultura subjacente para superar os obstáculos organizacionais. A seguir, três princípios traçados em 2006 por Dennehy e Burke para ajudar a Intellipedia a deslanchar – e que também podem trazer benefícios para você.

---

9 *Revista T+D*, artigo "Igniting a passion for learning", outubro de 2008, p. 42-44.

Agora ou depois?

Esses itens eram do Escritório de Serviços Estratégicos (o precursor da CIA) e foram publicados em 1944 no *Simple Sabotage Field Manual (Manual de Campo para Uma Sabotagem Simples)*. Agora que não é mais confidencial, o manual parece quase como um relatório de como algumas organizações operam hoje em dia e sugere por que o conteúdo dinâmico encontra resistências. Algumas das seguintes frases refletem características da sua empresa?

- Insista em fazer tudo pelos canais competentes. Nunca permita atalhos que possam apressar decisões.
- Quando possível, remeta todas as questões ao comitê para "estudos e considerações adicionais".
- Exija as palavras precisas nas comunicações.
- Sempre advogue pela precaução e pela razão para evitar situações embaraçosas.
- Questione se a decisão é da jurisdição do grupo ou pode gerar conflito com a política de um escalão superior.

Fonte: Escritório de Serviços Estratégicos dos Estados Unidos, *Simple Sabotage Field Manual*. Disponível em http://www.gutenberg.org/etext/26184. Acesso em 20/6/2010.

Pense por tópicos, não de forma organizacional

Sua organização é muito compartimentada? Em uma hierarquia rígida, pode ser difícil atender às necessidades do mercado que mudam a toda hora, porque custa um tempo precioso mover-se acima e abaixo na cadeia de comando (quando é possível) para desenvolver relacionamentos relevantes e acessar informações vitais.

Joe Sullivan, um solucionador de problemas extremos da comunidade científica corporativa, considera que as empresas se iludem com um sentimento falso de segurança em suas hierarquias, em vez de reconhecerem o perigo de desencorajar o livre fluxo de informações. Os dados importantes são mantidos longe das mentes de quem precisa deles.[10] Como no jogo infantil do telefone sem fio, erros inevitáveis acontecem porque a informação, quando flui em um sentido só, pode se tornar diluída e ambígua, filtrada e reformatada, ou, pior ainda, incorreta.

Os gestores da Intellipedia constantemente se resguardam de novos usuários que querem classificar suas contribuições como originárias de suas agências de

---

10 J. Sullivan em entrevista com os autores em 2009.

inteligência, para lhes "dar o crédito". Por exemplo, uma página sobre o ex-presidente de Cuba, Fidel Castro, pode ser marcada no cabeçalho como sendo sobre o FBI (Federal Bureau of Investigation), embora o escritório não seja assunto do artigo. Esse tipo de *tag* não ajuda os outros a encontrar a página ao buscar informações sobre Fidel.

Uma fonte única de informação agregada sobre um assunto serve melhor a uma comunidade maior porque ajuda a eliminar a marcação de território quanto à autoria. O debate pode ter foco no assunto, em vez de em quem disse o que e em qual organização. Ao trabalhar por tópicos, cada agência agrega o que sabe em uma página comum – e então, se necessário, cria subpáginas ou artigos exclusivos para seus grupos.

Com mais pessoas observando o que mudou, o que precisa ser modificado e o que pertence a colegas de outra área, a informação pode ser corrigida e reformatada para alcançar maior precisão, atualidade e valor.

Quando o espaço compartilhado inclui informações que podem ser facilmente cruzadas, buscadas e classificadas, qualquer novato na organização ou em uma tarefa pode se atualizar depressa sobre um assunto, ou dar uma aula sobre ele, e também descobrir as discussões anteriores para ver qual seu *status* atual, caso ainda exista.

Trabalhe com a maior audiência possível

Sua organização é muito míope? Ao trabalhar em um sistema de colaboração, as pessoas são estimuladas a envolver a maior audiência possível, o que vai contra a cultura de especialização que ainda prevalece em muitas empresas.

Sem alternativas de colaboração, as pessoas têm trabalho em dobro porque as informações se perdem em pastas e e-mails antigos. Pode ser revelador participar de uma comunidade virtual e perceber que não somos os únicos fazendo um determinado trabalho ou que dispomos de informações e *insights* tão necessários para outros.

A maior audiência possível é a maior rede que um indivíduo tem acesso. Para tratar de questões delicadas, forme centros de distribuição de informação para o público mais distante e, então, trabalhe em um espaço mais restrito para os dados confidenciais.

Na Intellipedia, os usuários podem criar links entre os ambientes, um processo chamado de "deixando migalhas pelo caminho", que mostra de onde você saiu e para onde está indo. A rede pode, então, controlar a navegação. Se a pessoa tem acesso, será possível seguir o link. Se não tem, pode ao menos saber que existem mais informações – e começar a seguir as migalhas.

Substitua processos existentes

Sua organização é muito focada nos hábitos de sempre? As ferramentas sociais apresentam uma oportunidade de substituir os processos antigos, que consomem muito tempo, por outros mais ágeis.

Vamos supor que você e seus colegas precisem compilar e resumir muitas informações todos os dias. Em vez de trabalhar individualmente para juntar dados distribuídos em drives, pastas e documentos, você pode fazer isso na plataforma wiki. Em vez de usar o e-mail para discutir uma ideia, você pode fazê-lo em um blog. Em vez de usar a sua lista de "favoritos" no *browser*, pode experimentar os *tags* sociais. Em vez de armazenar arquivos por trás de um sistema *firewall* de proteção que não está indexado a mecanismos de busca, você pode usar um depósito de documentos compartilhados.

Você também pode achar que está ocupado demais para aprender a usar uma nova ferramenta ou para publicar informações em mais de um local. Mas substituir os processos atuais por novos, mais eficientes, não é assumir mais tarefas.

A IBM utiliza uma plataforma wiki especificamente para gravar o conhecimento dos colaboradores que estão prestes a se aposentar. Apelidada de "Passe Adiante", essa wiki possibilita que os mais experientes postem informações e criem tutoriais para orientar aqueles que virão depois deles.

Ferramentas de conteúdo dinâmico, como o "Passe Adiante" e a Intellipedia, oferecem uma maneira de ajudar os recém-contratados a entender como a empresa opera e se familiarizar com seus diversos sistemas. E fazem isso contando com a experiência valiosa de quem passou anos à frente das operações, apontando as sutilezas e os atalhos mapeados em grossos manuais e muitas horas de treinamento.

Teresita Abay-Krueger, executiva de marketing do programa de desenvolvimento de softwares da IBM, afirma: "Do ponto de vista de um tomador de decisões na empresa, você precisa capacitar a nova força de trabalho de forma rápida e uniforme. O 'Passe Adiante' é um modo eficiente de oferecer aos novos colaboradores uma ferramenta para que entendam depressa como a companhia funciona e o seu legado de conhecimento". [11]

Responda às críticas

Essas ideias e práticas parecem atraentes, mas você sabe que terá de lidar com objeções de outras pessoas? A seguir, apresentamos os questionamentos mais comuns que ouvimos na introdução de uma abordagem de conteúdo dinâmico e como os enfrentamos.

---

11 Ruffolo, R. *IBM Uses Wiki Approach to Corporate Training*, em IT World Canada. Disponível em http://www.itworldcanada.com/news/ibm-uses-wiki-approach-to-corporate-training/06056. Acesso em 19/11/2008.

Conteúdo finalizado tem mais valor que um trabalho em evolução

Existe um amplo espectro de conhecimento que se estende entre o nascedouro de uma informação até o conteúdo polido e finalizado para ser entregue – na forma de relatórios, apresentações, páginas de internet e muito mais. Se sua organização se apoia na distribuição ou comercialização de produtos que registram e analisam uma situação ocorrida em um dado momento, em vez de competir com isso, considere o conteúdo gerado nas ferramentas sociais como um complemento ao trabalho. Nos espaços colaborativos, as pessoas de sua empresa podem sintetizar assuntos, ideias, argumentos e atividades em forma de mensagens coerentes e cheias de significado, aprendendo umas com as outras enquanto criam um produto para um cliente em um momento específico.

Na EMC, o conteúdo "em evolução" é mais valioso do que o finalizado porque mostra como a organização chegou até ali, o que é, muitas vezes, um elemento--chave no qual colaboradores, clientes, parceiros, prospects e até a imprensa estão interessados. Um trabalho em evolução também demonstra aos acionistas da EMC que existe espaço para aprimoramento e para comentários, e que, de fato, ambos são bem-vindos. Essa exposição torna a organização mais vulnerável, mas também deixa uma imagem mais humana do que quando tudo o que aparece é muito polido e profissional. Oferece uma visão interna da empresa que, de outra forma, não poderia nem ser percebida, o que dá aos acionistas mais uma razão para confiar nela, já que seu funcionamento está exposto.

É arriscado deixar todo mundo postar o que quiser

Em uma wiki, todos os posts são atribuídos a seus autores. São mais identificáveis do que em e-mails ou quadro de avisos, onde os rumores e insinuações podem circular livremente sem que se saiba quem os plantou. Essa transparência torna muito mais simples identificar quem está postando o que não deve e lidar com seus comentários ou comportamentos inadequados mais rapidamente.

Talvez mais importante seja o fato de que os colaboradores podem realmente construir uma reputação dentro do site. Para alguns, isto é um incentivo para adotar as ferramentas, participar ativamente e publicar conteúdo de alta qualidade, pois sabem que poderão ganhar a atenção dos líderes e de outras pessoas trabalhando em funções complementares às suas dentro da organização.

Nossa informação é exclusiva; de modo nenhum vamos compartilhá-la

A exclusividade é justamente o que explica por que uma informação deve ser compartilhada em um sistema flexível. A informação exclusiva também não se encaixa nos sistemas de gestão de documentos que reforçam fluxos de trabalho rígidos e regras de arquivamento. As ferramentas de conteúdo dinâmico podem ter *templates* que imponham alguma consistência, mas, além disso, devem ter um formato livre e aberto para a especificidade de cada apresentação, relacionado às características do conteúdo ou do debate.

Temos uma wiki, mas pouca gente colabora

Se as pessoas acreditam que editar documentos no Word e enviá-los por e-mail é melhor do que usar uma plataforma wiki, experimente converter alguns desses conteúdos para a ferramenta e enviar um link ao grupo, pelo qual as pessoas possam achá-los e editá-los online. Da próxima vez, pode ser que elas prefiram publicar antes na wiki.

Stewart Mader, autor do livro *Wikipatterns*, sugere uma espécie de "festa para erguer o celeiro" – um evento planejado quando um grupo se encontra em um horário específico para formatar conteúdo em uma wiki. Esse tipo de mutirão dá às pessoas a chance de aprender a usar a wiki enquanto interagem com colegas de trabalho, fortalecendo os laços da comunidade e criando uma rede de relacionamentos que mantém as pessoas usando a wiki.[12]

Eugene Eric Kim, fundador da Blue Oxen Associates, um centro de estudos focado no incentivo à colaboração, aponta: "As pessoas ficam muito presas à ideia do engajamento de *todos*. Se você instala uma wiki para 100 pessoas da sua empresa, mas somente cinco participam ativamente, alguns logo veem a iniciativa como um fracasso. Nunca vi uma boa ferramenta social ir de zero a 100 do dia para a noite. Com grupos grandes, você sempre terá uma regra poderosa de participação: será sempre um pequeno percentual de pessoas que contribuirá ativamente. E haverá muito a aprender com essa participação".[13]

Recomendações

Comece a fazer publicações online de forma aberta, de modo orgânico. Quando as pessoas da sua empresa puderem começar a publicar com a ajuda das ferramentas online e tornar seus trabalhos visíveis, atualizados e disponíveis para todos, as portas vão se abrir para uma participação mais ampla e para resultados mais vibrantes, sociais e relevantes.

A seguir, alguns primeiros passos.

---

12 Mader, S. *Wikipatterns*. John Wiley & Sons, 2008.
13 E.E. Kim em entrevista com os autores em 2009.

Seja enfático

Seja enfático na atualização de tudo o que lê na sua plataforma wiki ou em outras ferramentas de compartilhamento. A interação cresce mais depressa quando as pessoas consertam problemas, corrigem a gramática, adicionam fatos, certificam-se de que a linguagem está precisa e daí em diante. Quantas vezes você leu alguma coisa em um site e pensou: "Bem, isso está errado. Por que ninguém corrige isso?". Os sistemas colaborativos não permitem somente que as pessoas adicionem, revisem e editem um artigo – também encorajam essa atitude. Isso requer uma dose de gentileza, mas funciona. Você vai ver. E, é claro, os outros também vão editar o que você escreve. Não leve para o lado pessoal. Eles, como todos nós, só querem que o resultado seja o melhor possível.

Não seja descuidado

Ser enfático na atualização das páginas não significa que você deve fazer grandes alterações ou apagar conteúdos de artigos longos e complexos, sobre temas controversos, com grandes históricos, sem antes refletir cuidadosamente. O texto pode ser o resultado de longas e árduas negociações entre pessoas com diferentes formações e pontos de vista. Antes de editar um artigo, primeiro leia todo o texto, veja os comentários e o histórico da página para ter uma noção de como o texto foi estruturado e qual o seu status atual. Também vale a pena ler alguns artigos sobre o mesmo assunto para verificar se o que você considerou um problema ou uma omissão já não está sendo solucionado.

Comece de onde você está

Como os espaços de compartilhamento precisam de pessoas para começar uma conversa, procure iniciar com assuntos que realmente lhe interessam, sobre os quais você quer o ponto de vista de outras pessoas e que ajudariam no seu trabalho. Esses serão os assuntos que lhe darão maior motivação para investir seu tempo.

Sinta como se fosse um jogo

Experimente novas ideias; aprenda tentando e refazendo em vez de esperar que sua primeira contribuição de conteúdo já seja perfeita. Encarar como se fosse um jogo vai dar ao espaço um tom mais leve e pessoal, mesmo se o uso for dedicado especialmente para a colaboração relacionada a trabalho. Isso dá o tom e ajuda a manter um ambiente que as pessoas sentem como autêntico, pessoal e humano.

Conquiste apoio de cima a baixo

Comece pelo grau de interação possível na cultura de sua organização. Algumas empresas respondem melhor quando as primeiras a participar são as pessoas da operação.

Outras só se envolvem depois que os líderes começam a contribuir. Se, desde o começo, você encaminhar conversações com os dois grupos e também com quem está no meio, é mais provável que conquiste atenção e participação dos que estão curiosos, mas ainda um pouco tímidos para embarcar na plataforma.

Use as massas

Um grupo pode ajudar seus integrantes a usar o compartilhamento, reforçando constantemente as boas práticas, definindo e comunicando orientações, alterando ou removendo conteúdos inadequados e mantendo um diálogo contínuo em torno do equilíbrio certo. Em raras ocasiões, há necessidade de intervenção da organização, mas isso é realmente bastante incomum e, no fim das contas, tem reflexos mais positivos que negativos, porque demonstra o poder moderador de colegas gerenciando uns aos outros.

Faça perguntas difíceis

Fazer uma pergunta boba leva o mesmo tempo que fazer uma cheia de significado, então faça logo aquelas que vão obter uma informação importante para você e sua empresa. "Então, há quanto tempo você trabalha nessa ideia?" ou "alguém mais teve sucesso fazendo isso?". Os membros mais efetivos de uma equipe colaborativa são aqueles que vão ao âmago das questões, abrindo caminho para a honestidade e a eficiência.

Use palavras-chave para aplicar metadados[14]

A atribuição de *tags* (palavras-chave) permite que as pessoas apliquem seus próprios metadados em conteúdos e documentos. Também possibilita a descoberta de *tags* que já foram aplicadas para um determinado trecho do conteúdo. O resultado é uma coletânea de termos, uma taxonomia gerada pelos usuários, ou a chamada *folksonomy* (já citada no Capítulo 3 deste livro). Dessa forma, as pessoas interessadas em certos tópicos, subtópicos e temas podem se encontrar mais rapidamente e trabalhar juntas.

Não confie só nas ferramentas

Você não consegue fazer as pessoas colaborarem se apenas disponibilizar as ferramentas sociais. Novas práticas e abordagens geralmente encontram resistência. Quando

---

14 Metadados geralmente são definidos como um conjunto de dados que descreve outros dados, sendo muito importantes na administração de conteúdos para que as informações possam ser processadas, atualizadas e consultadas. (N. T.)

as máquinas de copiar, o fax, o e-mail e as mensagens instantâneas surgiram, foram vistos inicialmente com ceticismo. Mas, ao longo do tempo, acabaram sendo adotados porque as pessoas perceberam seu valor e, às vezes, sua necessidade.

Embora a decisão final de usar, ou não, as ferramentas sociais seja dos indivíduos, é fundamental que as empresas as adotem, porque ninguém, nos dias de hoje, consegue reunir todas as informações necessárias depressa o suficiente para acompanhar o ritmo acelerado de trabalho sem elas. Os problemas estão se tornando complexos demais para uma pessoa resolver sozinha; as questões têm tentáculos demais para serem compreendidas completamente por uma única pessoa. Ao aumentar nosso interesse natural em compartilhar informações relevantes, melhorar o trabalho de outros e ajudar no sucesso das empresas, nós criamos sistemas tão vivos quanto úteis.

6

Ambientes de imersão refinam a aprendizagem

Os ambientes virtuais podem oferecer mais dimensões do que os físicos e modos mais sociáveis e cheios de nuances para que as pessoas aprendam umas com as outras, enquanto enfrentam desafios complexos. — Kevyn Renner, Consultor sênior de tecnologia da Chevron

Em uma refinaria da Chevron, executivos de todo o mundo reúnem-se para discutir a futura liderança da organização. Eles discutem como a próxima geração poderá aprender com os líderes atuais e como isso moldará a força de trabalho do futuro. As pessoas da equipe de desenvolvimento organizacional, sentadas no canto da sala, ouvem e, de vez em quando, apresentam ideias. A Chevron é profundamente comprometida com a formação de um ambiente de trabalho inovador, e essa reunião é um passo vital.

Então, o inesperado acontece. Na refinaria em que estão reunidos, uma das principais unidades de processamento, onde a gasolina é produzida, há uma parada não programada. Os executivos precisam passar do diálogo à ação, tomar decisões rápidas para determinar que efeitos essa interrupção terá sobre a refinaria, em relação às pessoas que trabalham lá, ao óleo na tubulação e sobre o ambiente. Os facilitadores mantêm-se alertas, registrando todos os dados possíveis, pois podem ser relevantes em todos os aspectos do cenário de planejamento.

Todo minuto é importante. Cada decisão tem um impacto potencialmente global. Tomar as melhores decisões possíveis é a prioridade zero. Não há tempo para fazer nada a não ser trabalhar em conjunto para responder ao imprevisto. E é isso que o grupo de executivos faz, demonstrando a experiência e a habilidade para decidir que os conduziram a suas posições na Chevron.

Eles fazem isso de suas mesas, em alguns casos a milhares de quilômetros de distância dos outros colegas, mas parecem que trabalham lado a lado. A refinaria de petróleo está em um ambiente virtual de imersão criado pela Chevron para estudar, entre outras coisas, como os líderes da companhia tomam decisões críticas e as passam adiante.

Em refinarias, eles podem não ter rapidez para mover oleodutos ou tanques, mas são capazes de transmitir informações bem depressa. Por exemplo, uma refinaria pode ser representada detalhadamente em três dimensões (3D), servindo como campo de provas para técnicas de última geração e aprendizagem experimental.

Kevyn Renner, consultor sênior de tecnologia da Chevron, dirige os esforços da companhia para aplicar novas tecnologias da informação dentro de uma indústria de transformação. No ambiente virtual da Chevron, desenvolvido por Renner e sua equipe, os participantes podem trabalhar em segurança, enquanto encaram situações autênticas e potencialmente perigosas. Suas ações também podem ser registradas, analisadas e aprendidas por outros. No caso da parada imprevista da refinaria, os líderes emergentes podem entrar no cenário crítico para aprender e, depois, conversar com os executivos para refinar suas práticas. Nesse caso, os novos líderes podem tomar decisões táticas com as quais os mais experientes aprendem também. Essas interações sociais podem melhorar a performance operacional da Chevron.[1]

Um sensor de informações em tempo real alimenta o modelo, o que cria, com efeito, um ambiente 3D de aprendizagem constantemente atualizado. Com esse modelo inteligente, especialistas do mundo todo, usando avatares, interagem como se estivessem na mesma sala.

Renner explica o valor do ambiente com uma analogia. Ele mostra um gráfico com as melhorias repentinas do salto com vara nos últimos 100 anos, em função de mudanças radicais na técnica; desde a básica tesoura até a *fosbury flop*, popularizada em 1968 pelo atleta norte-americano Dick Fosbury. Isso demonstra como a inovação e as novas ideias amadurecem. Quase sempre uma fagulha inovadora conduz a uma evolução gradual até que uma nova centelha ocorra. Algumas vezes, o conhecimento já estabelecido força um retrocesso, mas, se a organização conta com pessoas acostumadas aos ambientes de imersão, a empresa pode mudar.

Novas tecnologias podem gerar melhorias radicais nos resultados. Isso é especialmente verdadeiro em ambientes de imersão porque oferecem mais dimensões do que os reais. Toda indústria pode tirar vantagem dos modelos digitais, principalmente as manufaturas de alto custo e os setores de infraestrutura e energia, áreas em que a

---

[1] K. Renner em entrevista com os autores em 2009.

atuação conjunta no verdadeiro local de trabalho pode ser perigosa ou impraticável. É como um novo mundo em construção, no qual as pessoas podem aprender imediatamente.

Renner fala sobre o ambiente virtual que sua equipe pilota, usando a terminologia de uma refinaria – não das mídias sociais ou a linguagem criada para a internet 3D. Ele o descreve como um ambiente vivo, um laboratório onde as pessoas trabalham e aprendem juntas. Usa palavras que comunicam o que as pessoas podem fazer com a tecnologia. Para a Chevron e muitas outras companhias que aplicam tecnologias similares, esses são espaços de colaboração, centros de operação e instalações, muito mais do que mundos virtuais ou objetos e arquivos em um ambiente 3D.

A prática online, em tempo real, em um cenário realista é vital para o treinamento e desenvolvimento em toda a empresa. A indústria de combustível tem pelo menos uma razão a mais para valorizar esse tipo de ação. O setor enfrentou dois revezes – na década de 1980 e no início da seguinte – sofridos pelo setor, que passou dez anos praticamente sem poder contratar. O resultado foi um apagão de talento e conhecimento. Enquanto os mais experientes vão se aposentando, restam poucos profissionais com conhecimento institucional de longo prazo para substituí-los.

A nova geração ingressa na força de trabalho com suas próprias redes de relacionamentos, habilidades para múltiplos processos e uma mentalidade globalizada que os mais velhos jamais imaginariam. A experiência constante em um mundo interconectado teve impacto profundo na abordagem dos mais jovens para a solução de problemas e a colaboração na prática.

> Kevyn Renner, consultor sênior de tecnologia da Chevron, dirige os esforços da companhia para aplicar novas tecnologias da informação dentro de uma indústria de transformação. No ambiente virtual da Chevron, desenvolvido por Renner e sua equipe, os participantes podem trabalhar em segurança, enquanto encaram situações autênticas e potencialmente perigosas.

Renner usa a analogia do caleidoscópio para descrever as diversas perspectivas experimentadas por uma pessoa trabalhando em um espaço virtual. Isso combina muito bem com o lema da empresa de ter *a pessoa certa, no lugar certo, com o talento certo*, para que possa ter o trabalho pronto na hora correta e de modo confiável. Maior produtora privada de energia renovável e a sexta maior em receitas, a Chevron leva a educação muito a sério, consistente com sua filosofia de "Energia Humana".

A companhia almeja que seu foco e atividades atraiam, desenvolvam, reconheçam e retenham profissionais que ajudem a organização a gerar resultados competitivos, enquanto os ambientes interno e externo seguem em transformação. A ação em um mundo virtual possibilita que se faça isso de modo realista, seguro e repetidamente. O ambiente virtual dá suporte à colaboração remota, com imersão em tempo real e registro do conhecimento dos especialistas. A aplicação e a abordagem de tecnologia inovadora dão à Chevron uma de suas vantagens competitivas.

"Temos um ambiente muito complexo na indústria de refinamento", diz Renner. "A sala de controle da próxima geração oferece um ambiente de trabalho colaborativo para um processo decisório melhor, embasado em percepção situacional, o que afeta a segurança, a confiabilidade e a performance como um todo. *Cloud computing* e ambientes virtuais de imersão ajudam a proporcionar uma visão do contexto da fábrica em operação. As empresas de óleo e gás podem buscar informações em várias fontes e, então, lançar o alicerce de uma filosofia operacional proativa e preditiva."

Reunidos virtualmente

Há crescente necessidade de pessoas trabalharem e aprenderem juntas mesmo quando não podem estar reunidas. Às vezes, mesmo uma comunicação que não é simultânea basta. Você escreve um e-mail, então envia para alguém que o lê e responde, ou você posta uma mensagem no Twitter ou envia alguma novidade para uma comunidade online. Outras vezes, uma interação em tempo real funciona melhor. O problema é que as ferramentas tradicionais, como a audioconferência, a videoconferência e a webconferência, oferecem uma experiência pobre em relação à interação cara a cara, porque lhes faltam algumas dimensões sensoriais que as pessoas usam para "ler" situações.

Novas tecnologias estão surgindo para criar a ilusão de que as pessoas estão reunidas fisicamente no mesmo lugar e na mesma hora. Os melhores exemplos são a telepresença e os ambientes virtuais de imersão.

> A nova geração ingressa na força de trabalho com suas próprias redes de relacionamentos, habilidades para múltiplos processos e uma mentalidade globalizada que os mais velhos jamais imaginariam. A experiência constante em um mundo interconectado teve um impacto profundo na abordagem dos mais jovens para a solução de problemas e a colaboração na prática.

O ambiente virtual de imersão é uma categoria emergente de tecnologia, que combina mundos virtuais, jogos e simulações que tenham algum componente social, refletindo muito bem a sensação de trabalhar com alguém no mesmo espaço físico.

"Essa denominação é um guarda-chuva para categorias inteiras de ferramentas, que combinam e sobrepõem funcionalidades técnicas e design", explica Koreen Olbrish, CEO da Tandem Learning, uma consultoria de aprendizagem em imersão. "O que as torna únicas é que cada uma representa um tipo diferente de experiência. Os mundos virtuais reproduzem o universo ao seu redor, as simulações são atividades baseadas em metas e os jogos representam competições. Os limites perdem nitidez quando as simulações são jogos, ou os mundos virtuais contêm também jogos e simulações funcionando juntos para criar uma experiência de imersão."[2]

O que está incluído nos ambientes virtuais de imersão?

Esses ambientes combinam

- Mundos virtuais
- Jogos
- Simulações

A palavra *imersão* refere-se à sensação de envolvimento em um espaço em que estamos presentes. Podemos estar imersos em um esporte, um hobby, um trabalho ou um ambiente. O grau de imersão é importante porque, quanto mais nos sentimos no ambiente, maior a probabilidade de interagirmos. O que torna único o ambiente virtual de imersão é que saímos dele como se tivéssemos vivido uma experiência real, da qual realmente participamos e não apenas imaginamos.

"Pense nas tecnologias IMAX de cinema, no sistema de som *sorround* e no jogo online *World of Warcraft* aplicados aos negócios com a internet. O que todos eles têm em comum é que interagem com – e absorvem – as pessoas que os utilizam", afirma Erica Driver, analista da área e cofundadora da ThinkBalm.[3]

Mundos virtuais

Os campos virtuais são representações online da realidade em que você entra como se estivesse em um universo físico. Eles podem também ampliar as fronteiras conhecidas do mundo real, permitindo que a pessoa olhe através de uma parede ou do outro lado do globo.

Os mundos virtuais tornaram-se uma segunda casa para milhões de pessoas em toda a Terra. E não são apenas para crianças. As empresas utilizam esses ambientes para treinamento e recrutamento. Conferências e reuniões acontecem "no

---

2 K. Olbrish em entrevista com os autores em 2009.
3 Driver, E. *Immersive Internet*. Disponível em http://www.thinkbalm.com/immersive-internet/. Acesso em 20/6/2010.

mundo". Ideias são testadas. Debates são abertos. As pessoas aprendem a trabalhar em um espaço virtual em que podem inovar, conectar, reorganizar e remanejar centenas ou milhares de pessoas em torno de atividades específicas, capacitando-as para uma organização de si mesmas de acordo com seus interesses, objetivos e habilidades.

Esses ambientes podem ser o palco para outras ferramentas de mídia social, ou funcionalidades dentro de comunidades online e sites de compartilhamento de mídia, adicionando um elemento visual de interação e imersão a uma experiência bi ou tridimensional.

Como a holografia *holodeck* em *Jornada nas Estrelas*, os mundos virtuais são uma tela em branco na qual os designers podem criar uma experiência digital simulada em que as pessoas interagem com o ambiente e com outros usuários. O desafio do designer é descobrir o que criar e onde eles podem interagir.

Os mundos virtuais são particularmente úteis quando as pessoas, distantes umas das outras, precisam interagir em reuniões ou debates multidisciplinares, especialmente se a percepção do gestual e a comunicação não verbal forem muito importantes para entender a posição de cada um. Já se mostraram bastante proveitosos para "visitas virtuais em campo" e reuniões fora da empresa em que não fosse possível deixar o prédio. Também são uma escolha natural quando você precisa apresentar modelos de edifícios em 3D, ou de peças para produtos manufaturados ou ainda estruturas moleculares. Ou mesmo quando as pessoas precisam ser treinadas para trabalhar em ambientes perigosos.

John Seely Brown, professor visitante da Universidade da Califórnia do Sul e ex-cientista chefe da Xerox, e Douglas Thomas, que leciona na Annenberg School for Communication da mesma universidade e edita o periódico *Games & Culture: A Journal of Interactive Media*, consideram basicamente que esses são ambientes de aprendizagem. "Esse tipo de aprendizagem é radicalmente diferente da nossa ideia tradicional de aprendizagem: o acúmulo de fatos ou a aquisição de conhecimento. Envolve a experiência de atuar em conjunto, para superar obstáculos, gerenciar habilidades, talentos e relacionamentos, e criar contextos nos quais a percepção social, a reflexão e as ações coordenadas se tornam parte essencial da experiência, fornecendo a base da imaginação interconectada."[4]

---

[4] Thomas, D. e Seely Brown, J. *Learning for a World of Constant Change: Homo Sapiens, Homo Faber & Homo Ludens Revisited*. Wiley Economica, 2010.

Quatro critérios dos mundos virtuais

Embora haja diferentes tipos de mundos virtuais, Koreen Olbrish explica que existem quatro critérios comuns a todos.

- Espaço compartilhado: Um mundo virtual deve dar uma sensação de proximidade e oferecer a habilidade de circular entre objetos e avatares.
- Persistência: Mesmo quando a pessoa não está conectada, o mundo virtual continua a existir. Quando um participante sai, o mundo virtual continua a se expandir, exatamente como o mundo real.
- Imediatismo: As atividades nos mundos virtuais ocorrem em tempo real. Quando entramos no espaço, estamos juntos nele, de forma sincrônica.
- Interatividade: Todo mundo virtual oferece aos visitantes algum grau de controle sobre o ambiente – no mínimo, a possibilidade de interagir com outros avatares e com o mundo ao redor.

Fonte: K. Olbrisk em entrevista com os autores em 2009.

Os mundos virtuais proporcionam uma sensação física de estar junto, trabalhando próximos, interagindo em tempo real, vendo um ao outro e compartilhando o espaço. Nesse sentido, os mundos virtuais são parecidos com outras formas de *social learning* que proporcionam um meio – neste caso, um lugar – para a transferência de conhecimento entre pessoas nas organizações, possibilitando que entendam uma situação e até construam uma ideia ou uma estrutura em conjunto. As atividades nesses lugares virtuais fazem que a interação e a coordenação sejam possíveis e necessárias.

Jogos

Alguns ambientes virtuais assumem o formato de jogos online de interpretação de personagens para múltiplos participantes. Não é só diversão. Esse tipo de jogo online ajuda a desenvolver e exercitar as habilidades necessárias de acordo com o planejamento da empresa. Jogar exige pensamento estratégico, análise interpretativa, capacidade de solucionar problemas, elaborar planos, formar equipes, cooperar e se adaptar a mudanças rápidas.

Tony O'Driscoll, diretor executivo do Fuqua, centro de tecnologia da informação e mídia da Universidade Duke e coautor de *Learning in 3D*, integrou um grupo de pesquisa em 2008 que descobriu que as habilidades necessárias para jogar bem são

> Os mundos virtuais proporcionam uma sensação física de estar junto, trabalhando próximos, interagindo em tempo real, vendo um ao outro e compartilhando o espaço.

muito parecidas com aquelas usadas para liderar no mundo real. Ou seja, identificar e alavancar as vantagens competitivas de nossa organização, enquanto tomamos decisões rápidas com base em amontoados de informações que estão sempre mudando. Por exemplo, o exército dos Estados Unidos tem um videogame virtual em 3D, chamado *America's Army*, que permite que os participantes rastejem por trilhas com obstáculos físicos, armas de fogo e atuem em ações paramilitares – sem sair da cadeira. O que pode parecer um jogo é, na verdade, uma ferramenta de treinamento e recrutamento.[5]

Simulações

"Uma simulação é um modelo digital que representa uma situação ou um processo. Quando uma história começa a se desenrolar e as pessoas são solicitadas a fazer algo na simulação, temos um cenário", explica Clark Quinn, autor de *Engaging Learning: Designing E-learning Simulation Games* e de um livro a ser lançado sobre aprendizagem portátil.[6] As simulações permitem que o processo de tomada de decisão seja acompanhado em um ambiente realista e mostram as repercussões dessas decisões em um ambiente livre de riscos.

Tradicionalmente, as simulações consistiam em navegar por um cenário, como pilotar um avião ou tomar decisões na gestão de um projeto. As simulações dinâmicas incluem atores desempenhando papéis e podem ser tão elaboradas quanto um treinamento de resposta a um ataque terrorista. Com a tecnologia, as simulações também podem ser conduzidas como experiências de grupo em uma sala de aula, com equipes ou indivíduos adicionando suas decisões no computador enquanto o cenário evolui. A chave desta simulação é uma discussão após o treinamento, na qual os participantes refletem sobre suas experiências. As simulações não apenas oferecem a oportunidade de aprender com nossas experiências, mas também influenciam nossas decisões, facilitando *insights* e aprimorando o que fazemos.

Experiências fora do mundo real

Os ambientes virtuais de imersão apresentam um modo verdadeiramente único de trabalhar, pensar e aprender socialmente. De acordo com Koreen Olbrish, que tem se dedicado exclusivamente a esses espaços na última década, os ambientes de imersão são mais úteis quando geram uma experiência que não poderíamos ter de outra forma

---

5 Kapp, K. e O'Driscoll, T. *Learning in 3d: Adding a New Dimension to Enterprise Learning and Collaboration.* Pfeiffer, 2010.

6 Quinn, C. *Engaging Learning: Designing E-Learning Simulation Games.* Pfeiffer, 2005.

por causa de limitações físicas ou geográficas, altos custos ou grandes perigos.[7] Pense nas vivências que você e outras pessoas de sua organização deveriam ter na vida real, mas não podem, em função de alguma limitação. É nesse tipo de experiência que as empresas devem começar a aplicar o valor dos ambientes virtuais de imersão.

Veja o conhecimento ao seu redor

Em função do grande número de clientes, a academia de treinamento do Departamento de Defesa dos Estados Unidos está construindo um ambiente virtual de imersão, chamado Nexus, no qual os estudantes vão aprender sobre processos de conquista por meio dos olhos e movimentos de seus avatares. O Nexus vai rodar em um *browser* e oferecer acesso a cursos necessários para certificações a um número muito maior de pessoas, em comparação com aquelas que poderiam viajar para aulas presenciais.

Mark Oehlert, antropólogo e consultor de inovação na DAU (Defense Acquisition University), é o consultor tecnológico desse projeto. Ele identifica meios de utilizar a tecnologia dos jogos, simulações, mundos virtuais e outras mídias sociais para criar melhores experiências de aprendizagem para os alunos da DAU.

Ele começou com as seguintes perguntas: "O que aconteceria se, como um avatar, você literalmente caminhasse sobre um processo de conquista?" e "O que aconteceria se você pudesse mudar de perspectiva e observar uma situação a 10 mil metros de altura ou mergulhar profundamente dentro dela?".

A partir dessa semente de ideia, a DAU começou a refletir sobre a criação de um modo espacial de representar o conhecimento. A universidade já contava com comunidades de prática e ferramentas de gestão do conhecimento, mas o que aconteceria se essa nova sala de aula virtual pudesse acumular o saber de todos os que passassem por lá? Essa sala de aula se tornaria um repositório de conhecimento para qualquer um acessar tudo o que foi aprendido por aqueles que vieram antes. Os estudantes também poderiam retornar e acessar o conhecimento depois das aulas. As anotações em classe poderiam ser construídas, modificadas e melhoradas.

O Nexus não vai substituir outras formas de *e-learning* já existentes na DAU, mas, como aprimora a aprendizagem e mais pessoas podem acessar pelo *browser*, provavelmente vai adicionar conteúdo às ferramentas de conferência online, porque o espaço é um fórum natural para reuniões e colaboração. Talvez afete o modo como a DAU oferece seus cursos. As pessoas no campus físico da universidade poderão acessar o ambiente virtual de imersão para ter uma aula ou resgatar uma lição. Po-

---

7 Olbrish (entrevista).

derão também entrar no espaço semanas antes de uma aula para ver a representação virtual das pessoas com as quais conviverão.[8]

Aprendendo ao fazer trabalho complexo

Os pesquisadores sabem há muito tempo que *aprender fazendo* é o método mais efetivo em certas áreas, embora quase sempre seja difícil criar um ambiente seguro para que as pessoas aprendam novos papéis no trabalho. Alguns cenários e oportunidades são simplesmente muito caros, perigosos, esporádicos ou impraticáveis na vida real. Nos ambientes virtuais, as pessoas podem falhar em segurança e criar memórias que aprimorarão a performance no futuro.

Os ambientes virtuais, especialmente as simulações e os jogos, já se tornaram uma parte importante do treinamento para responder a uma emergência. Um grupo de *trainees* pode ser imerso em uma queda de avião simulada para ser treinado em busca e resgate aos sobreviventes, no combate a focos de incêndio, na triagem dos feridos, para responder às demandas da mídia e do FBI. Não apenas essa simulação pouparia horas de centenas de pessoas e enormes despesas para se providenciar um treinamento real da mesma magnitude, como também excluiria o risco de alguém se machucar.

Os especialistas concordam que as simulações nunca poderão substituir a experiência de estar ao lado de equipamento real de resgate e de combate a incêndio, mas é um complemento valioso.

A Loyalist College, uma faculdade comunitária de médio porte, localizada a 200 quilômetros de Toronto (Canadá), aplica o ambiente de imersão em seu curso para agentes de alfândega e imigração.[9] Antes do 11 de setembro, os estudantes passavam aproximadamente três semanas observando de perto os profissionais da alfândega em ação. As regras mais severas de segurança que surgiram acabaram proibindo a presença de pessoas que não trabalhassem lá, o que determinou o fim do treinamento presencial. Quando os estudantes retornaram às salas de aula para a interpretação dos papéis daqueles agentes, os exercícios ficaram frouxos. Então, o Second Life, o mundo virtual online, proporcionou uma solução realista e de imersão.

> Os ambientes virtuais, especialmente as simulações e os jogos, já se tornaram uma parte importante do treinamento para responder a uma emergência.

---

8 M. Oehlert em entrevista com os autores em 2009.

9 Para uma visão integral do estudo de caso da Loyalist College, entre em Linden Research – *Virtual World Simulation Prepares Real Guards on the U.S.-Canadian Border: Loyalist College in Second Life*. Disponível em http://secondlifegrid.net.s3.amazonaws.com/docs/Second_Life_Case_Loyalist_EN.pdf. Acesso em 13/7/2010.

Kathryn deGast-Kennedy, coordenadora do programa, afirma: "Mesmo eu, que fui agente por 28 anos, experimentei o mesmo nível de ansiedade ao atravessar a fronteira virtualmente, que havia tido 28 anos antes. A experiência virtual me fez acreditar que trabalhar com o Second Life era tão real quanto possível". Ela considera que o programa pode ser estendido a outros temas, como a revista de um carro, a busca de sinais minúsculos, mas ainda perceptíveis, de problemas, a gestão de conflitos ou a solução de disputas.[10]

O treinamento simulado da Loyalist College inclui uma versão simplificada do ambiente de fronteira entre os estados de Ontário (Canadá) e Nova York (EUA). Alguns estudantes circulam pela fronteira como civis, enquanto outros assumem o papel de agentes, validam identidades de acordo com os registros e conduzem entrevistas. Um roteiro com informações do ambiente virtual gera dados sobre os carros que atravessam a fronteira e as placas, também virtuais, que aparecem na cabine da vigilância. Certas situações são programadas para acontecer igual à vida real, como motoristas sem habilitação, alertas de carros roubados e outros sinais de atenção. Cerca de 5% das placas dos veículos acionam avisos na cabine do agente, um dado consistente com a probabilidade estatística no cruzamento de limites entre dois países.

O ambiente realista exige que os estudantes improvisem e pensem por si mesmos enquanto trabalham em conjunto – exatamente como precisariam fazer em uma verdadeira travessia de fronteira. "Como há improviso na simulação, os estudantes nunca têm ideia do que os espera", comenta Ken Hudson, o chefe de tecnologia educacional da Loyalist.[11]

Os estudantes que completam o programa têm um desempenho 39% melhor do que aqueles que não participam das sessões virtuais de prática. Também apresentam melhores notas – cerca de 30% acima – em relação ao grupo treinado apenas em sala de aula. E são sensivelmente melhores nos contatos bilíngues, quando questionam pontos-chave e avaliam condições de residência, além de exibirem mais profissionalismo.

Compreendendo a partir da autenticidade

Embora um avatar seja qualquer imagem que represente uma pessoa em uma troca interativa, ele também representa um ser humano real, apresentando muitas de suas facetas. Ao interagir com outros avatares, o contexto pode ser transmitido e compreendido pelas expressões faciais, gestos, postura e posição em diferentes situações.

Apesar de muitos defensores dos ambientes virtuais afirmarem ser importante que um avatar tenha algum grau de semelhança com a pessoa do mundo real, um número crescente de pessoas assume posição contrária. Um opositor é Mark Oehlert,

---

10 Linden Research – *Virtual World Simulation* no endereço eletrônico mencionado na nota 9.
11 Idem.

o consultor de inovação da DAU, que na vida real tem uma aparência simples, com jeito de antropólogo-intelectual. Imagine-o com um crachá pendurado no pescoço e uma camisa branca.

No Second Life, um dos mundos virtuais em que interage, Oehlert é um guerreiro celta com um metro e noventa chamado ChuckNorris Mission, que, de vez em quando, exibe asas e mora em uma casa de praia havaiana, uma verdadeira fortaleza à la Elvis com mobília romana.

Oehlert explica que a aparência de seu avatar diz mais aos outros sobre sua personalidade do que sua aparência real – e argumenta que isso também se aplica para as *personas* online dos outros. O senso comum costuma dizer que, se uma pessoa tem a habilidade de parecer ser quem quiser, não dá para confiar em sua representação. Ele responde que, quando as barreiras físicas e econômicas são eliminadas da forma como a gente se apresenta, o que você estará olhando é a versão mais verdadeira de como as pessoas se veem e como gostariam que os outros as vissem.[12]

Na IBM, que tem ampla presença no Second Life, os colaboradores interagem como avatares de todos os tipos. "Você pode vir para uma reunião como um peixe", afirma Chuck Hamilton, gestor de aprendizagem virtual no Centro de Aprendizagem Avançada da IBM, que treina colaboradores da companhia em ambientes virtuais como o Second Life. O avatar de Hamilton usa um kilt, que tem relação com sua origem celta e com a banda em que toca em Vancouver.[13]

A Tandem Learning cria simulações em cenários 2D e 3D que refletem a interação entre representantes farmacêuticos, médicos e outros profissionais da saúde. Essas simulações possibilitam que eles pratiquem a venda e suas habilidades de comunicação, de modo a garantir que não violem inadvertidamente a regulamentação do *Food and Drug Administration* (FDA) com a linguagem que usam na promoção de seus remédios. Outras simulações permitem que os representantes vejam uma consulta entre médicos e seus pacientes, o que lhes possibilita melhor compreensão de como ocorrem as decisões sobre os tratamentos. Esse tipo de prática dá aos representantes desenvoltura em conversas clínicas ou sobre regulamentação.[14]

Vendo pelos olhos alheios – literalmente

A psicoterapia ajuda as pessoas a mudar de comportamento, fazendo que saiam de si mesmas – para que elas possam ver o próprio comportamento pelos olhos de uma

---

12 Oehlert (entrevista).

13 C. Hamilton em entrevista com os autores em 2009.

14 Olbrish (entrevista).

pessoa amada, por exemplo, ou para observar seus próprios hábitos de raciocínio de uma posição neutra.

E se você pudesse experimentar em primeira mão a realidade de doentes mentais com mais compaixão e compreensão? Como seria se você pudesse sentir como é ser uma pessoa de outro gênero, cor ou nacionalidade?

Agora, os neurocientistas mostram que podem tornar essa experiência física, criando uma ilusão de "troca de corpo", que pode ter efeito profundo em uma ampla gama de técnicas terapêuticas. O cérebro, quando enganado por ilusões óticas e sensoriais, pode rapidamente adotar outra forma humana, não importa quão diferente da original.

"Você pode ver as possibilidades – colocar um homem no corpo de uma mulher, um jovem em um velho, um branco em um negro e vice-versa", imagina dr. Henrik Ehrsson do Instituto Karolisnka de Estocolmo (Suécia), que, com sua colega Valeria Petkova, deu base para alguns dos aspectos mais interessantes que podem ocorrer nos ambientes virtuais.[15]

Jeremy Bailenson, diretor do laboratório de interação humana virtual da Universidade de Stanford, e seu colega Nick Yee chamam isso de *Efeito Proteus*, em homenagem ao deus grego que podia personificar diferentes representações.[16]

Em um experimento, a equipe de Stanford descobriu que as pessoas concordam em aumentar a contribuição para planos de aposentadoria quando experimentam virtualmente um "corpo envelhecido", e que ficam mais dispostas a praticar exercícios depois de habitar um avatar que faz ginástica e perde peso.

Sarah Robbins, também chamada de *Intelligal*, que dá aulas na Ball State e é coautora de *Second Life for Dummies*, conduz regularmente um experimento de percepção cultural com seus alunos. Ela os transforma em avatares e os mistura em uma enorme jarra de Kool-Aid[17] para que explorem diferentes espaços no Second Life, vivenciando a diversidade, a mentalidade das massas, a exclusão e a discriminação. Para ela, como a maioria de seus alunos nunca se sentiu excluída ou discriminada, o experimento Kool-Aid é uma maneira de fazer com que compreendam mais facilmente a perspectiva dos outros. E como os estudantes reagem a esse novo

> E se você pudesse experimentar em primeira mão a realidade de doentes mentais com mais compaixão e compreensão? Como seria se você pudesse sentir como é ser uma pessoa de outro gênero, cor ou nacionalidade?

---

15 Carey, B. "Standing in someone else's shoes, almost for real", *The New York Times*, dezembro de 2008. Disponível em http://www.nytimes.com/2008/12/02/health/02mind.html. Acesso em 20/6/2010.

16 Carey, no artigo já mencionado na nota 115.

17 Kool-Aid, referência ao personagem "homem-jarra" da bebida em pó Kool-Aid, equivalente ao Q-Suco no Brasil e também à criação no Second Life do Kool-Aid-man do artista e webdesigner Jon Rafman. (N. T.)

exercício? Muitos deles se sentem seguros porque estão em grupos de pessoas que são como eles. Aprendem em cinco minutos conceitos complexos e vivenciais que seriam apenas parcialmente assimilados em uma aula presencial de cinquenta minutos. Sarah considera que essas ferramentas ajudam a construir uma ponte entre o ponto em que a pessoa está engajada e interessada e aquele ao qual ela precisa chegar, educacionalmente e em sociedade.[18]

Margaret Regan, presidente do The Future Work Institute, desenvolveu uma singular experiência de aprendizagem para treinamento de diversidade em ambientes virtuais de imersão. Os participantes "usam" diferentes cores de pele e têm a oportunidade de estar no lugar – ou na pele – de outras pessoas.[19]

Há até uma clínica de esquizofrenia no Second Life, dirigida por professores de psiquiatria da Universidade de San Diego, com base em dados longitudinais de históricos de pacientes reais. Você pode entrar na clínica no Second Life, pegar um crachá que o identifica como homem ou mulher e, em alguns minutos, começar a ter alucinações e ouvir vozes murmurando nos seus ouvidos de avatar. Enquanto caminha pelos corredores, o chão sob seus pés parece se mover, como em uma cena do desenho do Papa-Léguas. Você pega um jornal e as letras ficam borradas até que, de repente, ganham vida. Palavras sobre psicose saltam sobre você.

Jogue com as possibilidades

Geralmente, a aprendizagem profunda depende de interação com materiais em ambientes realistas, nos quais você pode aprender por tentativa e erro. O sentimento da experiência torna-se a base da compreensão de como melhorar e ganhar confiança para seguir para um patamar mais elevado.

Em um ambiente virtual, você pode desempenhar o papel que quiser, não importa quem você seja de fato. Você pode falhar em um papel, reconectar, tentar outro e aprender com tudo isso.

A L'Oréal, empresa de cosméticos, usa um jogo global de recrutamento, o Reveal, que informa as pessoas sobre produtos e serviços antes que entrem no processo de entrevistas. As habilidades assimiladas no espaço virtual também podem ser utilizadas fora desses espaços. O exército dos Estados Unidos, por exemplo, desenvolveu uma ferramenta de recrutamento que reproduz uma situação realista em um ambiente

---

[18] Synapse 3Di. *3D Training Learning Collaboration: A Virtual Worlds Conference LIVE from DC*. Disponível em http://ja-jp.facebook.com/notes/synapse-3di/3d-training-learning-collaboration-a-virtual-worlds-conference-live--from-dc/83612663001. Acesso em 20/6/2010.

[19] Regan, M. *Diversity 2017: What Does the Future Hold?* Disponível em www.diversityjournal.com/ee/pdj070708g-ja04/pdj070708gja04.pdf. Acesso em 20/6/2010.

virtual de confronto e que agora está sendo usada também em treinamento, porque ensina muitas habilidades, algumas em alto nível. A marinha norte-americana está fazendo o mesmo com seus exercícios navais.

Anne Derryberry, analista e consultora em jogos sérios, jogos de aprendizagem online, simulações e mundos virtuais, indica que muitos desses exemplos são atividades estruturadas e pré-desenhadas, que conduzem aos resultados desejados e são geralmente destinadas a grupos específicos de pessoas que trabalham juntas online.[20] Os ambientes virtuais também podem oferecer às pessoas resultados mais aleatórios e menos conhecidos na realização de trabalhos complexos.

Se desenhados como um ambiente que reflete o mundo real ou como uma metáfora do mundo real, esses espaços podem ser incluídos ou ampliados para que as pessoas avaliem e reflitam sobre as experiências vivenciadas.

Por exemplo, quando as pessoas do laboratório de tecnologia para o transporte avançado da Universidade de Maryland quiseram aprimorar a forma como os acidentes de trânsito são gerenciados em um grande corredor de tráfego, sabiam que o treinamento e a prática seriam fundamentais para a coordenação da interação. Um dos elementos cruciais desse sistema virtual de treinamento era a funcionalidade de rodar em um cenário virtual, registrar todas as ações de cada integrante da equipe em treinamento e, depois, reproduzir a situação para que o grupo pudesse avaliar e fazer suas críticas. Com esse tipo de sistema, uma batida entre um trator e um caminhão com vazamento de gás em Maryland, na Virginia, pode ocorrer às 3h30 da tarde de uma sexta-feira virtual – sem nenhuma consequência real no trânsito. Qualquer equívoco ocorrido ao lidar com o acidente virtual poderá depois ser avaliado, com o benefício extra de rodar um acidente virtual parecido para a prática das atividades já corrigidas.

Arrume um tempo para jogar sério

Byron Reeves, professor de Stanford, descobriu que o ambiente em que um líder trabalha e aprende tem mais influência no sucesso de sua liderança do que qualquer outro traço individual. Um ambiente rico, no qual as pessoas podem aprender e ver a liderança já modelada, conduz ao sucesso. Reeves também descobriu que pessoas com menos potencial no mundo real acabam assumindo papéis de liderança no ambiente de jogo, o que acaba por conduzi-las à busca de oportunidades reais para a liderança, usando as habilidades desenvolvidas em atividades online.[21]

---

20 A. Derryberry em entrevista com os autores em 2009.

21 Reeves, B. *How Video Games Build Leaders*. Disponível em http://www.washingtonpost.com/wp-dyn/content/video/2010/04/07/VI2010040701157.html. Acesso em 6/4/2010.

A IBM utiliza jogos sérios para aprendizagem e trabalho em muitas linhas de negócios. Com mais de três mil colaboradores envolvidos em duas dúzias de ilhas públicas e privadas no Second Life, uma dúzia de outros sites no Active Worlds e diversos campos no Open Simulator, a empresa tem forte presença, pública e privada, nos espaços virtuais. A IBM usa esses espaços para atividades como a colaboração entre equipes de pesquisa e desenvolvimento do mundo inteiro, realiza experimentos para registrar a evolução do design de interface do usuário e ver como as pessoas interagem virtualmente.

Sam Palmisano, presidente e CEO da IBM, tem chefiado reuniões globais com sua força de trabalho no Second Life, reforçando o compromisso da empresa de atuar de acordo com seus valores e gerar ricas oportunidades de inovação e interação.

Na IBM, o Second Life é um modo de fazer a conexão entre gerações e diferentes localizações. Lá, você verá altos executivos nadando e voando ao lado de profissionais com apenas dez meses de empresa, ou com outros que já se aposentaram, mas ainda desejam manter conexões profissionais.

> Se desenhados como um ambiente que reflete o mundo real ou como uma metáfora do mundo real, esses espaços podem ser incluídos ou ampliados para que as pessoas avaliem e reflitam sobre as experiências vivenciadas.

Em uma pesquisa realizada pela companhia, 85% dos participantes das atividades da IBM no Second Life afirmaram que os eventos voltados ao trabalho de mentor atingiram seus objetivos e que os espaços sociais virtuais são adequados para desenvolver isso, além de funcionar melhor para conectar as pessoas do que um telefonema ou uma webconferência.[22]

Responda às críticas

Quando você começar a falar a respeito de mundos virtuais e planejar uma nova iniciativa envolvendo esses ambientes, provavelmente terá de encarar questões e comentários de pessoas que preferem equilibrar entusiasmo com precaução. A seguir, as objeções mais comuns que ouvimos e as respostas que você pode dar.

Tudo parece ficção científica e muito irreal para minha organização

Em algum momento da história, a televisão foi vista como ficção científica. Telefones, computadores e a internet são inovações que nossos antepassados provavelmente jamais sonharam. O que não as deixou menos úteis ou relevantes. As empresas que

---

22 C. Hamilton (entrevista).

passaram no teste do tempo são aquelas que reconhecem a importância da mudança e da inovação onde quer que exista uma necessidade de negócio.

Tudo isso é muito caro

Os jogos instrutivos em 2D podem ser desenvolvidos de forma relativamente barata, muitas vezes a partir de *templates*, atualizados com a simples inserção de uma nova trilha de áudio. Até os desenvolvedores dos poderosos jogos em 3D nos asseguram que os avanços da tecnologia melhorarão a eficiência com a escalabilidade, reduzindo o custo por estudante. O custo com as tecnologias virtuais varia muito – entre ser quase de graça e exigir altos investimentos de tempo, recursos e dinheiro.

Isso não gera mudanças duradouras

Por trás de cada ambiente virtual de imersão que teve sucesso existem mecanismos sofisticados de análise. O America's Army é um exemplo primordial de como isso funciona. O jogo aplica análise preditiva de dados sobre as forças e fraquezas dos jogadores para identificar as respostas mais prováveis de um participante em determinada situação, fazendo então um ajuste de acordo com o que apurou. Essa natureza adaptável traz grandes ramificações para jogar, aprender e trabalhar, oferecendo às pessoas uma oportunidade genuína de aprender com seus erros e melhorar sua performance.

Isso não é natural

Embora algumas pessoas, de início, achem incômodo trabalhar em um ambiente virtual, a maioria não pensa assim e rapidamente se adapta ao mundo virtual da mesma forma que nos integramos depressa em uma nova cidade, com seus odores e paisagens diferentes. Algumas pessoas preferem nunca tirar os pés de sua cidade natal, mas a maioria viaja e quase sempre aproveita. Os ambientes virtuais de imersão também oferecem a oportunidade de travessia entre diferentes planos da realidade, algo que você não poderá fazer em mais nenhum lugar da Terra.

Ninguém vai se interessar

Um estudo da Sociedade Americana de Treinamento e Desenvolvimento indicou que, embora os pesquisados dissessem que a tecnologia de mundos virtuais raramente é bem explorada nas empresas (4,7% de 743 profissionais de recursos humanos de alto nível ouvidos em 2009), a porcentagem de gente que considera que deveria ser mais utilizada é de 24,6%. Como a maioria das pessoas ainda não conhece os benefícios dos ambientes virtuais, suspeitamos que esse índice poderia ser ainda mais alto caso soubessem do que se trata. Quantas pessoas reclamam da estrutura de treinamento atual ou dizem que ela poderia melhorar? Quantas afirmam que o treinamento deveria ser mais relevante? Esses ambientes proporcionam uma oportunidade para isso.

Recomendações

Inicie o planejamento de um ambiente virtual de imersão em sua empresa considerando os benefícios que as pessoas teriam ao aprender de modo mais saudável, seguro e com melhor relação custo-benefício.

Organize uma reunião virtual em torno de um assunto cativante

Às vezes, seduzir as pessoas para experimentar algo novo envolve oferecer algo que elas já queriam fazer – e fazer de uma forma que exija tentar algo novo no processo. Considere organizar uma reunião sobre um assunto que você sabe que as pessoas estão interessadas (ou querem discutir a respeito ou não perderiam de jeito nenhum). Forneça-lhes muita informação e pequenos tutoriais sobre como começar.

A interação social melhora o engajamento dos colaboradores, a produtividade e a inovação, mas isso não é fácil de conseguir nas companhias tão descentralizadas dos dias de hoje. Assim que você apresentar os ambientes de imersão como dispositivos de treinamento, estenda-os para facilitar a colaboração e a comunicação, permitindo que os colaboradores interajam livremente como se estivessem reunidos no mesmo lugar. Organize uma grande reunião, uma festa global, um evento de relacionamento ou convide um palestrante especial. Crie um caso de sucesso, mensurando a economia e o sucesso do projeto.

Crie rampas de acesso

Os ambientes virtuais são ideais para treinamentos e simulações, possibilitando que as empresas reproduzam quase qualquer cenário para deixar os colaboradores interagirem com ele, com os instrutores e entre si. Karl Kapp, professor da Universidade Bloomberg e coautor de *Learning in 3D*, recomenda que as organizações "ofereçam aos participantes uma rampa de acesso para ajudá-los a se sentir confortáveis com a tecnologia. Invistam tempo antes do programa para dar instruções básicas de navegação. Deixem um trabalho de mentor disponível. Estimulem a aprendizagem associada ao avanço no uso do ambiente de imersão da experiência que as pessoas desfrutarão por estar no ali". [23]

---

23 K. Kapp em entrevista com os autores em 2009.

Comece pelo topo ou pela base

Um profissional em uma posição média de gestão pode ter mais temor de apresentar ideias sobre novas tecnologias do que aqueles na linha operacional. As pessoas na base têm maior chance de tentar algo novo para obter ganho de eficiência, deixando que os bons resultados se vendam sozinhos para o topo. Gina Schreck, cofundadora do Synapse 3Di, sempre vê a aplicação da tecnologia de imersão começar pelas camadas de baixo (vendas, equipes de projetos, etc.) em uma companhia; quando outros grupos percebem o vento do sucesso, a tecnologia se espalha.[24]

Simplifique

Mesmo quando as vantagens de custo e eficiência superam os problemas da empresa, se os ambientes de imersão forem difíceis de usar, as pessoas não vão adotá-los. Recrute voluntários e defensores para ter certeza de que a primeira experiência das pessoas será positiva. Ofereça muito trabalho de *coaching* e flexibilidade de tempo para que os novatos sejam orientados e entrem no barco.

Mostre o valor real, não a pirotecnia

Joe Miller, vice-presidente de plataforma e desenvolvimento tecnológico da Linden Lab (operadora do Second Life), sugere que as empresas deixem o passado para trás, evitando a simples reprodução do ambiente de treinamento no mundo virtual, com suas cadeiras, pódios e telas. "Passado o primeiro impacto, essa abordagem não vai ser interessante ou inovadora o suficiente para gerar uma experiência virtual poderosa", afirma ele.[25]

Mark Oehlert lembra que, mesmo dez anos após a criação do *e-learning*, as pessoas ainda apertam o botão de "próximo" no canto inferior direito da tela. Os ambientes virtuais de imersão podem (e devem) fazer melhor do que isso. Espaços pobres e de baixo nível de interação rendem pouco valor.[26]

Aplique a tecnologia para criar execuções úteis mais do que efeitos especiais. Utilize-a de forma a ampliar até mesmo a experiência online tradicional. Pergunte a si mesmo como isso pode ser melhor do que apenas publicar esse conhecimento em uma ferramenta online básica, carregar um vídeo em um sistema de compartilhamento, criar um curso de *e-learning* ou fazer uma teleconferência.

---

[24] G. Schreck em entrevista com os autores em 2009.

[25] J. Miller em entrevista com os autores em 2009.

[26] Oehlert em entrevista.

Considere a oportunidade de derrubar as paredes, deixando as pessoas aprenderem com a ação e a interação, verem as situações por ângulos que nunca tiveram na vida real e fazerem perguntas que jamais teriam respostas em situações reais. Os ambientes virtuais de imersão são muito atraentes para que se perca a oportunidade de criar algo grande e bom com eles.

7

Conectando os pontos em eventos presenciais

Um evento pode ser um acontecimento. Mas, se nada acontece, vira só uma chatice. Mude a energia. Demonstre que você está buscando algo diferente. Crie algo para que as pessoas falem a respeito e se empolguem. — Graham Brown-Martin, *Fundador do Learning Without Frontiers*

Na The Brewery, um estonteante local para conferências em Londres, as luzes estavam baixas, mas a atmosfera na sala era de excitação. A música *Once in a Lifetime*, dos Talking Heads, envolvia a todos como uma nuvem, fazendo com que se sentissem energizados, esperando acontecer alguma coisa importante.

Os representantes da Handheld Learning Conference[1] batiam papo, apresentando-se a pessoas que nunca tinham visto antes. Alguns batiam fotos, outros relatavam o que estava acontecendo aos colegas no escritório e havia quem fechasse os olhos, sentindo a eletricidade presente no espaço.

Graham Brown-Martin, o produtor do evento, subiu ao palco e explicou os fortes ingredientes que ele havia reunido para os dois próximos dias. Os eventos que ele e um grupo de profissionais produzem são íntimos, embora estejam crescendo em tamanho, criando laços entre grandes empresas por causa do uso que fazem das mídias sociais.

---

[1] Mais informações sobre o evento, considerado o maior e mais importante na área de aprendizagem e novas tecnologias sociais, estão disponíveis em http://www.handheldlearning.co.uk/content/view/49/75/. Acesso em 27/10/2010. (N. T.)

Ele contou uma história, como faz todos os anos, sobre sua filha mais nova, carinhosamente chamada de "a menina *Handheld Learning*" (aprendizagem que cabe nas mãos, em tradução livre). Ela nasceu em casa alguns dias antes do primeiro evento Handheld Learning, em 2005, pelas mãos do próprio Brown-Martin, com a ajuda de instruções via smartphone, porque a parteira não chegou a tempo. O crescimento da menina e os avanços da tecnologia naqueles mesmos anos oferecem uma visão oportuna da evolução das ferramentas sociais. Na conferência, falaram pensadores instigantes, como Malcolm McLaren (antigo empresário da banda Sex Pistols), o alfabetizador e professor em novas mídias James Paul Gee e o futurista Ray Kurzweil. As notícias fervilharam no universo do Twitter, enquanto os representantes do evento twittavam *insights* desses papas, respectivamente, do punk, da aprendizagem baseada em jogos e da inteligência artificial. O evento começou a aparecer na lista dos assuntos mais discutidos do Twitter (*trending topics*) e pessoas do mundo inteiro entraram no debate.

O que poderia ter sido um evento comum se transformou em uma colmeia social, pontuada por afirmações provocativas, compartilhada e disputada de forma viral pela comunidade, agregada e disseminada por toda a parte. Tudo era registrado por uma pequena equipe de vídeo e postado na comunidade online do evento uma hora depois de cada palestra. As pessoas sentavam-se nos cantos da sala, teclando em seus blogs de maneira quieta, conversando e refletindo, considerando as implicações da experiência sobre os trabalhos de cada um.

Antes do evento, eles haviam contribuído em comunidades online que ainda continuarão por aí durante muito tempo. As pessoas que não estavam no evento também podiam interagir, entrar em contato com os representantes e os palestrantes, ver e comentar as informações postadas.

Os intervalos para o café e o almoço foram pensados para oferecer refeições que pudessem ser consumidas enquanto as pessoas conversam, geralmente com algum aparelho portátil na outra mão. Comidinhas asiáticas e copos com tampa faziam parte do arranjo social. As noites sempre incluíam uma festa para dançar, dando mais chance para novas conexões, reflexão e aprendizagem com a vida.

Brown-Martin criou as mídias sociais antes de ser curador desses eventos. Começou na área de tecnologia educacional e, depois, foi para o negócio de entretenimento em música, jogos e cinema. Construiu uma grande rede social na internet voltada para formadores de opinião na faixa etária entre 18 e 34 anos, que publicava programas de rádio e vídeo, tinha produtos editoriais direcionados para centenas de milhares de membros e oferecia um meio de conexão entre eles.

Ele percebeu, então, que a interação humana era vital e começou a organizar baladas – até hoje lendárias – em clubes com os DJs mais famosos em Londres e no exterior. Eram eventos nos quais as pessoas apareciam espontaneamente, gente que havia se conectado e continuaria se conectando nas atividades online dele. Não havia necessidade de propaganda porque todos já estavam conectados com todo mundo.

Quando lançou outro empreendimento, começou com uma comunidade profissional online, fazendo a conexão entre pessoas que, de outra forma, não saberiam da existência umas das outras. Ele misturou seus contatos nos mundos da educação, tecnologia e entretenimento em um caldo de cultura efervescente.

> O que poderia ter sido um evento comum se transformou em uma colmeia social, pontuada por afirmações provocativas, compartilhada e disputada de forma viral pela comunidade, agregada e disseminada por toda a parte.

Parecia lógico para ele aproximar as pessoas, de vez em quando, em conferências e festivais que pudessem ser gravados e distribuídos online, possibilitando a continuidade das conversas e do *networking*. Os eventos começaram com as mídias sociais; isso sempre foi o foco, não o contrário.

A Handheld Learning Conference, um entre os seis eventos que ele produz em torno de temas como jogos de aprendizagem e segurança digital, é a maior conferência mundial sobre aprendizagem móvel. É também um dos maiores eventos do Reino Unido sobre tecnologia e aprendizagem, independentemente da plataforma em discussão.

Quando reflete sobre o histórico de seus eventos, Brown-Martin fala de sua expectativa ingênua de como todos à sua frente seriam pioneiros ou aficionados das novas tecnologias. Com notáveis exceções, a maioria das pessoas, embora apaixonadamente interessadas em novos meios para aprimorar a aprendizagem, é muito mais vagarosa para aproveitar as oportunidades das mídias digitais e sociais do que ele esperava.

Para ele, os eventos eram uma forma de ativismo para romper com as práticas vitorianas de ensino que persistem no século 21. Não existem crachás (a moda por lá está mais para as pulseiras usadas em festivais de música), o que obriga as pessoas a conversar e se apresentar de forma mais pessoal. Não há guias nas conferências; embora levasse anos, como ele mesmo conta, para convencer os atendentes de que não havia necessidade deles. Ainda há bolsas do evento, mas elas contêm aparelhos portáteis – em um ano foi um Nintendo DS, em outro, um iTouch, e, em 2010, um iPad.

O que o evento proporciona é um forte coquetel, muitas vezes provocativo, desafiador, polarizador, revigorante, instigante e exaustivo – tudo o que uma boa conferência tem de ser –, no qual os participantes, quase sempre de boa vontade, são arrancados de suas zonas de conforto para confrontar o novo.

Brown-Martin é um apaixonado por aprendizagem, inovação, tecnologia, música e pessoas. Sua melhor habilidade, no entanto, é perceber as novas tendências antes dos outros e ligar os pontos. Não se considera um organizador de eventos e, sim, alguém que viabiliza *happenings* dos quais ele gostaria de participar, promovendo temas pelos quais é apaixonado e nos quais acredita. Ele incentiva a mudança com o uso das mídias sociais de modo a criar uma plataforma para ver, ouvir e interagir com aqueles que estão fazendo um trabalho notável.

Ele afirma: "É a única maneira de fazer isso. As mídias sociais são a forma perfeita de se conectar com as pessoas certas, quase por osmose, criando um local – e uma oportunidade – em que cada um de nós pode ser mais".

Crescendo juntos

Reunir-se para conversar, visitar e aprender é tão antigo quanto o tempo. Utilizar as oportunidades pessoais para humanizar a aprendizagem que você começou (e vai continuar) de forma online adiciona uma dimensão moderna.

Saul Kaplan, da Business Innovation Factory, que hospeda comunidades e debates focados no que é necessário para gerar a mudança transformadora, descreve os eventos presenciais como um caldo de cultura comunal para o desenvolvimento de conexões e *insights*: "A incubação é espontânea e palpável. É como se existissem *tags* luminosos nos colocando juntos em rede. Há uma sensação elétrica de potencial e possibilidades.[2]"

Nos capítulos anteriores, apresentamos as abordagens que você pode usar na sua organização para tirar proveito do novo *social learning*, de modo a estender e aprofundar as oportunidades individuais e coletivas de crescer nesse mundo conectado. Mas as pessoas que têm proximidade física também podem usar cada uma das abordagens que cobrimos até este ponto.

Neste capítulo final, mesclamos as práticas presenciais, que todos conhecemos, com as tecnologias capazes de intensificar essa experiência de maneiras novas. Embora nosso foco esteja principalmente nas conferências, muitas dessas práticas podem ser aplicadas em sala de aula ou em pequenos grupos informais. Mostraremos como o uso das ferramentas sociais pode incrementar o valor do ensino, tornando-o notável e estimulante.

Eventos têm a capacidade de misturar o mundo físico com o online. As redes sociais das quais você já faz parte podem conectá-lo a pessoas presentes em um acontecimento que tenham interesses similares aos seus.

Este capítulo parte do pressuposto de que temos vários papéis. Às vezes, você é um palestrante, fazendo o papel de professor em uma sala de aula com um grande púlpito. Outras, faz parte da audiência, um tipo de estudante interessado em

---

[2] S. Kaplan em entrevista com os autores em 2009.

aprender o máximo possível. De vez em quando, você é um organizador de eventos ou o facilitador em uma reunião. E, às vezes, é o dono da empresa que pagou a inscrição de seus colaboradores na palestra, esperando que eles tirem o melhor proveito de seu dinheiro e do tempo investido. Esses eventos podem ser conferências organizadas por produtores profissionais, eventos corporativos ou encontros programados por associações.

No mundo conectado de hoje, você provavelmente também é um influenciador do trabalho daqueles que organizam esses eventos e que precisam do seu negócio ou da sua consultoria. Cada papel oferece oportunidades para a tomada de decisão com embasamento ou para oferecer uma sólida consultoria.

Nós indicamos como você pode entrar em ação em cada papel e mostramos brevemente alguns formatos alternativos de eventos que começam a ficar populares.

Palestrante, professor, ouvinte, estudante

Se você fala com frequência em eventos, reuniões e aulas, sabe em primeira mão que as audiências já não ficam mais sentadas em silêncio, absorvendo suas palavras ou as imagens que apresenta, aguardando para fazer uma pergunta ou um comentário. As transformações sociais com base na tecnologia começaram a mover o chão sob os seus pés, diz Joel Foner, um gerente de projetos, consultor de processos e blogueiro, que faz parte de grandes plateias hiperconectadas há anos.[3] O novo *social learning*, com sua ênfase no ensino mútuo, salienta o fato de que professores e alunos têm algo valioso a compartilhar.

Olivia Mitchell, uma professora de apresentações que escreve o blog *Speaking about Presenting* e que é considerada líder no trato de assuntos espinhosos da área de apresentações digitais, avalia: "Tem havido uma troca de poder entre o palestrante e a audiência. Os melhores oradores não se preocupam consigo mesmos, preocupam-se com seu público e fazem isso apaixonadamente, trabalhando duro para assegurar que todos obtenham valor desse tempo juntos".[4]

Com as tecnologias de comunicação global, as pessoas agora têm tanto acesso aos outros e à informação que "cresceram acostumadas com a ideia de que podem e devem ser capazes de discutir, classificar, avaliar, priorizar, conectar e conversar por texto com qualquer um, a todo momento", afirma Foner. "Elas comentam e dão notas a sites, textos de blogs, músicas, vídeos, livros, lojas, fabricantes – a mim e você também. As mídias sociais por toda parte tornaram essa hiperconexão parte da vida de todo dia".

---

3 J. Foner em entrevista com os autores em 2009.

4 O. Mitchell em entrevista com os autores em 2009.

Robert Scoble, um promotor das tecnologias, autor e blogueiro popular, nos lembra do seguinte: "Estamos nos acostumando a uma vida online que é de mão dupla, e é isso que esperamos também como audiência. Nossas expectativas em relação a palestrantes e pessoas sobre um palco mudaram, para o bem ou para o mal".[5]

O canal de retorno[6]

A comunicação por textos em tempo real entre os participantes de uma plateia, usando algo como o Twitter ou uma sala de *chat* durante um evento ao vivo, é frequentemente denominada "canal de retorno". Esse termo foi criado em 1970 pelo linguista Victor Ingve para descrever o comportamento dos ouvintes durante comunicações verbais. Hoje, o novo canal de retorno representa uma audiência em rede – pessoas conectadas em tempo real, aprendendo umas com as outras e com o mundo ao mesmo tempo. O canal de retorno não tem um número limitado de cadeiras – todos podem participar –, e isso altera o jogo para os palestrantes, a audiência e para o resto do mundo do lado de fora da sala.

Em vez de olhar pó meio de um mar de rostos, você pode estar diante de um oceano de cabeças mirando para baixo na direção de seus laptops e smartphones, ou olhando para você pelo visor de uma câmera conectada a pessoas em outras salas ou ao redor do mundo.

Quando as pessoas na plateia, usando o Twitter, utilizam o marcador (*#hashtag*) de um evento em seus *tweets*, elas abrem o debate para todos que estejam na mídia social, inclusive aqueles que estão na mesma sala seguindo o tema. Por exemplo, #ASTD2010 foi o *hashtag* da Conferência Internacional da ASTD em 2010, a Lotusphere usou #LS10 para marcar seu evento no mesmo ano e #e2conf é o *hashtag* usado todos os anos para as conferências do Enterprise 2.0. Qualquer pessoa pode buscar no Twitter as mensagens relacionadas a esses eventos.

Uma pesquisa de eventos de liderança realizada pela produtora Weber Shandwick mostrou que blogar e twittar durante conferências é um comportamento crescente

---

5 R. Scoble. *Twitter and the Mark Zuckerberg Interview*. Disponível em http://www.webpronews.com/blog-talk/2008/03/11/twitter-and-the-mark-zuckerberg-interview. Acesso em 20/6/2010.

6 Canal de retorno (*Backchannel*): fluxo de mensagens, geralmente precedido por um marcador, usado para seguir uma determinada conferência, apresentação ou evento, de acordo com o glossário do Capítulo 4. (N. T.)

nos últimos anos.⁷ O canal de retorno é cada vez mais um fator importante em qualquer tipo de educação, no qual as pessoas tenham acesso à conexão sem fio para bater papo, checar fatos, dar notas às palestras e avaliar suas experiências.

Fazer uma apresentação enquanto as pessoas da audiência ficam conversando pode ser desconcertante e causar distração. No passado, você podia usar o contato visual para avaliar o engajamento da plateia. Agora, quando diz algo brilhante, em vez de expressões de aprovação, talvez haja uma enxurrada de dedos em movimento. Esse tipo de comunicação pode assustar um orador porque todos na sala e ao redor do mundo, que participam virtualmente, podem avaliá-lo, compartilhar suas ideias, comentar seu trabalho positiva ou negativamente e apontar erros – ou o que eles acham que sejam erros – no meio de suas frases. Para algumas pessoas, "isso é mais do que apavorante", afirma Foner.

E Olivia Mitchell avalia: "Para equilibrar esse desafio, há enormes benefícios para os participantes da audiência e para o resultado geral da conferência ou da reunião. Acima de tudo, isso demonstra que as pessoas estão interessadas no que você está dizendo – tão interessadas que querem registrar e compartilhar com os outros". Em seu trabalho diário, ela identificou os seguintes benefícios e outros mais.

Participação em tempo real

O canal de retorno apaga os limites entre o palestrante e a audiência e até mesmo entre os participantes que estão na plateia e aqueles que estão bem longe dali. Agora todos podem participar e compartilhar informações.

Gary Koelling, fundador da BlueShirt Nation da Best Buy, afirmou a respeito de um evento embalado no Twitter: "O que me deixou boquiaberto foi a dinâmica desse encontro. Foi participativa. Ninguém estava falando alto, exceto o autor da palestra. Mas o debate tinha tomado conta da sala via Twitter. Estava explodindo. As pessoas estavam fazendo perguntas, apontando problemas. Respondendo umas às outras, enquanto a apresentação em PowerPoint seguia seu caminho linear e estático. O contraste não poderia ser maior. São duas ferramentas que não poderiam estar mais em desacordo: a progressão linear, planejada e previsível dos slides, diante da rumorosa e orgânica conversa aberta a todos do Twitter. Depois eu pedi as mensagens do Twitter para realmente mudar a apresentação – atualizar, editar, ampliar, focar em áreas ainda não exploradas".⁸

---

7 *2009 Global Five Star Events*, pesquisa conduzida pela Weber Shandwick. disponível em http://www.webershandwick.com/Default.aspx/AboutUs/PressReleases/2009/BusinessLeadershipConferencesStillInDemandandGrowingDespiteEconomicRecession AccordingtoNewWeberShandwickStudy. Acesso em 13/7/2010.

8 G. Koelling em entrevista com os autores em 2009.

Foco em tempo real

"Antes dos avanços tecnológicos, meu canal de retorno era comigo mesmo", observa Dean Shareski, consultor de aprendizagem digital. "Isto é, eu processava as informações pensando ou tomando nota. Fazia perguntas e respondia para mim mesmo. Quanto mais interativo for o palestrante, menos eu uso o canal de retorno. Dito isto, alguns dos palestrantes menos interativos, mas que entendem e aderem ao uso do canal de retorno, podem criar uma experiência de aprendizagem tão poderosa quanto fariam os palestrantes mais dinâmicos. Quanto mais o palestrante se apoiar no canal de retorno, mais lhe darei foco. Saber que meus comentários serão vistos pelo apresentador e pelos participantes parece que me faz prestar mais atenção. Quanto mais posso interagir e lidar com o conteúdo, mais me envolvo e, no fim das contas, mais aprendo." [9]

Gary Koelling, fundador da BlueShirt Nation da Best Buy, afirmou a respeito de um evento embalado no Twitter: "O que me deixou boquiaberto foi a dinâmica desse encontro. Foi participativa. Ninguém estava falando alto, exceto o autor da palestra. Mas o debate tinha tomado conta da sala via Twitter".

A especialista em comunidades online Rachel Happe valoriza o fato de o Twitter possibilitar que ela participe ativamente de apresentações sem interrompê-las. "O Twitter permite que eu acrescente minha perspectiva ao que está sendo apresentado, e isso me mantém mais envolvida do que simplesmente me sentar e ouvir – até mesmo se ninguém ler o que escrevi." [10]

Inovação em tempo real

Enquanto a sua apresentação atiça ideias, as pessoas da audiência podem twittá-las e construir novas perspectivas, umas sobre os pensamentos das outras. Elas podem criar e compartilhar seus próprios *insights* sobre o que está sendo discutido.

Como palestrante, se você monitora o canal de retorno, terá a oportunidade de inovar junto com a plateia. Jeffrey Veen, designer, autor e empreendedor, moderava um painel em uma conferência e, simultaneamente, monitorava o canal de retorno em seu smartphone: "Enquanto a conversa seguia no palco, o fluxo de questões e comentários da plateia se intensificava. Mudei minhas táticas com base no que via. Fiz perguntas que interessavam à audiência e imediatamente senti a sala se virar a meu favor. Foi um pouco como se estivesse colando em uma prova". [11]

---

9 D. Sharesky em entrevista com os autores em 2009.

10 R. Happe em entrevista com os autores em 2009.

11 J. Veen em entrevista com os autores em 2009.

Contribuição em tempo real

Pessoas twittando durante apresentações é algo que soma explicações, elaborações e links úteis ao conteúdo em discussão. "Meu aproveitamento de conteúdo que vem do canal de retorno equivale ou ultrapassa o que tiro diretamente da apresentação", diz Liz Lawley, diretora do laboratório de computação social do Rochester Institute of Technology. "Percebo na hora que há mais conteúdo para retomar, digerir, discutir e avançar."[12]

Em vez de perguntar ao vizinho "o que ela quis dizer com isso?", você pode twittar a pergunta para o grupo e alguém vai twittar de volta com uma opinião. Laura Fitton, empreendedora e fundadora da loja OneForty de aplicativos para Twitter, lembra-se de uma vez em que algumas de suas colegas, que a haviam ajudado com uma apresentação, seguiram o evento virtualmente, respondendo às perguntas da plateia, enquanto ela falava no palco.[13]

Remotamente ou presente no palco, Bryan Mason, cofundador do Small Batch, chama esse suporte de respostas ao canal de retorno de "o ombudsman da audiência". Em um evento apresentado por ele e Jeff Veen, ambos colocaram uma mesa no palco com uma amiga focada no canal de retorno via Twitter e e-mail para "ouvir" o que as pessoas conversavam. Ela resumia as questões, inserindo-as no debate em tempo real.[14]

Conexões em tempo real

Estar em uma conferência sem conhecer ninguém pode ser intimidante. As pessoas que se conhecem formam grupos e você pode se sentir fora da ação. Mas se você participa por meio de um canal de retorno, acaba conhecendo as pessoas virtualmente e terá a oportunidade de se apresentar pessoalmente no próximo intervalo.

Avaliação em tempo real

Com um canal de retorno, você obtém *feedback* imediato, seguindo o *#hashtag* do evento, o nome do palestrante e as palavras-chave da apresentação.

Paul Gillin, autor dos livros *Secrets of Social Mídia Marketing* e *The New Influencers*, comenta que há alguns anos esperava seis meses para receber uma avaliação da plateia. Por isso, considera maravilhoso o imediatismo do *feedback* via Twitter. Ele também usa

---

[12] L. Lawley. *Confessions of a Backchannel Queen*. Disponível em http://mamamusings.net/archives/2004/03/30/confessions_of_a_backchannel_queen.php. Acesso em 20/6/2010.

[13] L. Fitton em entrevista com os autores em 2009.

[14] Veen (entrevista).

esse retorno para uma rápida avaliação do nível de conhecimento da audiência e, se houver necessidade, ajustar o conteúdo da sua apresentação.[15]

Graham Brown-Martin sabe que um evento está correndo bem quando recebe amplo *feedback*, mesmo quando as pessoas ficam criticando o café ou o preço da cerveja em Londres. Ele redireciona todos os comentários para uma comunidade online. Faz parte da personalidade de sua organização encorajar e publicar comentários, mesmo quando são despudoradamente negativos. Quando lhe perguntam o porquê, responde: "Porque podem ser muito engraçados!". E acrescenta que o *feedback* é muito útil para ver as situações a partir do ponto de vista dos outros.[16]

Aproveitamento

Todos nós já estivemos em eventos com lançamento de boas ideias e projetos planejados, mas, muitas vezes, aquele impulso perde o gás quando o encontro termina, e quase nada é concretizado. Podemos – ou deveríamos – realmente confiar apenas nos nossos próprios cérebros e em nossas anotações para tirar valor desses eventos?

Até as melhores apresentações têm valor limitado se você não puder revisitar seu conteúdo quando refletir sobre o que vivenciou. As novas ferramentas digitais podem dar suporte a esse acesso.

Isso inclui a publicação de livros em tempo real, livros no Twitter, blogar ao vivo e blogar ao vivo com vídeo.

Publique um livro

A publicação em tempo real é uma maneira de qualquer um criar e publicar um livro. Os organizadores de eventos podem produzir livros como esses a partir da compilação do conteúdo gerado por palestrantes e participantes. Apimente a obra com observações das pessoas – ande pelo evento, faça entrevistas, lance pesquisas e tire fotos.

Os livros podem ser comercializados online e entregues em edições impressas. Eventos como o Pop Tech, Maker Faire e o Web 2.0 Conference criam seus próprios livros, às vezes produzidos no palco durante as apresentações, oferecendo aos participantes um modo diferente de aprender mais adiante.

---

15 P. Gillin. *While I Talked, People Twittered*. Disponível em http://pistachioconsulting.com/while-i-talked-people-twittered/. Acesso em 20/6/2010.

16 G. Brown-Martin em entrevista com os autores em 2009.

Ótimos sites de conferências

Incentive os organizadores de conferências a incluir os seguintes pontos nos sites de seus eventos, tudo atualizado com regularidade:

- Uma lista dos participantes com links para seus sites e endereços no Twitter.
- Um cronograma, atualizado regularmente, com as mudanças marcadas em destaque.
- Mensagens no Twitter sobre o evento, alimentadas com o *#hashtag*; também pode-se incluir um mural de mensagens de uma conta própria do evento no Twitter.
- Adicionar uma Fan Box conectada à página do evento no Facebook.
- Uma conta no Flickr com fotos e vídeos marcados; gráficos e ilustrações podem ser escaneados ou fotografados durante o evento e, então, postados no Flickr e no site.
- Vídeos gerados ao vivo no evento, que depois são arquivados para consulta.
- Um link para o YouTube com o resultado da busca com o marcador do evento.
- Um lugar para a postagem imediata de mensagens em áudio e no qual os podcasts das sessões da conferência possam ser ouvidos posteriormente.
- Links para os blogs dos participantes que estejam escrevendo sobre o evento.
- Uma wiki, uma comunidade online ou um sistema de gestão de conteúdo no qual os responsáveis pelo evento possam postar comentários sobre as sessões.
- Um organizador de conteúdo (RSS feed) para acompanhar as mudanças ocorridas em todos os elementos acima.
- Biografias dos palestrantes com links para seus sites e suas mensagens no Twitter.
- Informações sobre locais de estacionamento, fluxo de trânsito ao redor do lugar do evento, restaurantes próximos, hospitais e museus.

Crie um Tweetbook

Confeccionado com as mensagens tuitadas durante um evento, o Tweetbook gera uma narrativa sobre o que as pessoas disseram, destacando aquilo em que prestaram mais atenção, comentaram e compartilharam. Trish Uhl, estrategista de aprendizagem e fundadora da Owl's Ledge, descreve um Tweetbook como a compilação de *tweets* históricos, documentando uma tendência, notícia ou um evento exatamente como foi reportado no universo do Twitter.[17] Na conferência eLearning Guild's 2009, a

---

17 T. Uhl em entrevista com os autores em 2009.

participante e especialista em educação tecnológica Tracy Hamilton ficou encarregada de criar o Tweetbook do encontro. A obra incluiu mais de 5.100 mensagens, que formavam a crônica dos acontecimentos pré-conferência, a cobertura das sessões e um jogo promovido durante o evento.[18]

Blogs ao vivo

Ao vivo, um blogueiro pode transcrever ou tirar conclusões enquanto a palestra ocorre. Os blogs encorajam comentários em tempo real dos leitores – na plateia da conferência, pessoas em outras salas ou até mesmo quem está participando virtualmente – que podem ser usados ainda no evento para estimular mais ideias e perspectivas.

Os blogueiros podem usar uma ferramenta convencional de blog ou, para eventos de larga escala envolvendo vários blogueiros, opções especificamente desenvolvidas para o blog ao vivo. Plataformas para blogar ao vivo permitem integrar imagens, arquivos de áudio, videoclipes, apresentações em slides e outros conteúdos multimídia, possibilitando *feedback* e participação no fluxo de mensagens.

Blogs com vídeos ao vivo

Levando os blogs ao vivo um passo adiante, vídeos permitem que os blogueiros publiquem imagens de eventos em tempo real na internet. Com a transmissão ao vivo de vídeo em blogs, os usuários podem ver e ouvir a conferência enquanto acontece, e aqueles que estão presentes no local terão o registro completo de tudo o que se passou. A transmissão ao vivo costumava exigir o aluguel de uma cara estrutura de vídeo. Atualmente, uma câmera portátil, uma webcam ligada a um notebook ou em um smartphone, que suporte a transmissão de imagens, pode mostrar o que acontece a centenas de milhares de pessoas em todo o mundo e se tornar viral junto às mensagens do Twitter e aos posts dos blogs.

Como dá para registrar o fluxo de imagens, depois do evento elas podem ser indexadas e fazer parte de um site de compartilhamento, ou de uma comunidade online, ao lado de outros vídeos gravados, mas não divulgados, pelos participantes do evento.

Juntos, esses clipes podem transmitir uma mensagem e gerar debates, provocando mais aprendizagem e mudança.

---

18 Para saber mais sobre o processo adotado por Tracy Hamilton para criar o Tweetbook da conferência, acesse http://discovery-thru-elearning.blogspot.com/2009/10/composing-tweetbook-for-devlearn-2009.html Para acessar o Tweetbook, visite http://www.elearningguild.com/content.cfm?selection=doc.1275.

Responda às críticas

Como ocorre com toda ideia nova e atípica, haverá quem resista. A seguir, enumeramos as objeções mais comuns que ouvimos e como consideramos adequado respondê-las.

As pessoas não estão prestando atenção

Mesmo quando parecem extremamente envolvidas com seus smartphones e laptops, as pessoas ainda podem prestar atenção no que é dito – até mais do que se estivessem olhando para você. Mas, se acredita que faria um trabalho melhor se elas olhassem para o seu rosto, considere a possibilidade de abrir sua palestra dizendo: "Notei que muitos de vocês estão usando seus celulares e laptops. Não vejo problema nenhum nisso. Mas também sei que posso realizar um trabalho melhor se vocês interagirem comigo e olharem para mim. Então, quando vocês não estiverem usando seus celulares e laptops, eu adoraria que olhassem para cima".

Scott Berkun, em seu livro *Confissões de um Orador Público*, descreve a abordagem que adotou para encarar a audiência: "Vamos fazer um acordo. Gostaria que vocês me dessem cinco minutos de sua atenção integral. Se em cinco minutos você se sentir aborrecido, achar que sou um idiota ou que seria melhor navegar na internet, tem toda liberdade para fazer isso. De fato, não ficarei chateado se, depois de cinco minutos, você levantar e for embora. Mas, nos primeiros 300 segundos, por favor, me deem sua atenção total".[19] A maioria das pessoas fecha seus laptops e deixa o smartphone de lado.

Outra abordagem é colocar sua ID no Twitter no primeiro slide da apresentação e perguntar quem na sala está conectado no momento em um site de rede social ou está blogando ao vivo. Quando vir as mãos levantadas, vai saber quem provavelmente está escrevendo sobre você, e não ignorando o conteúdo.

As pessoas não podem aprender comigo e com as mídias sociais simultaneamente

Muitas pessoas ainda acreditam que, se alguém estiver fazendo outra coisa em vez de ouvir o palestrante, ele não será capaz de aprender aquele conteúdo. Esta suposição, no entanto, não encontra respaldo nas evidências.

Existem muitas pessoas que usam tarefas secundárias para ajudar na interação e, ao mesmo tempo, manter o foco. Em um experimento relatado na Applied Cognitive

---

19 Berkun, S. *Confissões de um orador público.* Rio de Janeiro: Starlin, 2010.

Psychology, as pessoas que rabiscam enquanto falam ao telefone foram capazes de lembrar 29% mais detalhes da conversa do que os outros.[20]

Os pesquisadores acreditam que, por usar mais recursos mentais, o rabiscador evita que a mente se distraia. Esse estudo é parte de um reconhecimento emergente na psicologia de que as tarefas secundárias não são sempre uma distração da principal, mas, ao contrário, algumas vezes podem ser até benéficas.

> Muitas pessoas ainda acreditam que, se alguém estiver fazendo outra coisa em vez de ouvir o palestrante, ele não será capaz de aprender aquele conteúdo. Essa suposição, no entanto, não encontra respaldo nas evidências.

Edie Eckman, professora de tapeçaria e autora dos livros *How to Knit* e *The Crochet Answer Book*, além de conferencista constante, afirma que, ao falar para pessoas que estão tricotando ou fazendo crochê, consegue ver o foco nos olhos delas. É como se o trabalho manual permitisse uma conexão melhor com outras pessoas – bem melhor do que quando estão com as mãos vazias.[21]

As tarefas secundárias que usamos hoje para nos manter em foco são de alta tecnologia. As pessoas podem tomar notas em seus smartphones e laptops ou ter um jogo no celular que seja equivalente a rabiscar. Ler uma mensagem no Twitter reforça o que acontece na palestra ou introduz assuntos periféricos que expandirão o raciocínio dos participantes. Fazer anotações em uma comunidade online pode apresentar detalhes úteis para os colegas que ficaram no escritório e ampliar a discussão no retorno ao trabalho.

Recomendações

Abrimos este capítulo com a história da Hendheld Learning Conference porque é um bom exemplo de combinação dos benefícios da tecnologia móvel com o prazer de estar conectado com as pessoas, frente a frente, em tempo real. Graham Brown-Martin pondera, no entanto, que os primeiros anos do evento em Londres não foram assim tão interessantes.

Foram necessárias muitas horas de coleta de sugestões entre os participantes dos primeiros encontros para chegar à combinação correta. O evento reúne mais de 1.500 delegados de diversas partes do mundo e cerca de 200 jovens estudantes patrocinados por escolas e programas.

---

20 Jackie Andrade. *What Does Doodling Do?* em Applied Cognitive Psychology, volume 24, resumo disponível em http://onlinelibrary.wiley.com/doi/10.1002/acp.1561/abstract. Acesso em 29/10/2010.

21 E. Eckman em entrevista com os autores em 2009.

Além dessa participação física, o evento apareceu entre os dez assuntos mais comentados do Twitter durante três dias consecutivos, demonstrando o grande alcance desse movimento e de seus participantes.

Ao conversar com Brown-Martin e outros incentivadores do novo *social learning* em eventos presenciais, encontramos algumas sugestões.

Não vá, a não ser que tenha tempo para compartilhar pelo menos uma refeição

As pessoas ficam mais abertas quando repartem uma boa refeição. Se você só vai ter tempo para passar um dia curto ouvindo os palestrantes, considere a possibilidade de aprender com eles online. Até agora, não há como reproduzir online aquela conexão emocional – a *joie de vivre*, o sabor e a alegria de viver – que experimentamos ao compartilhar pessoalmente.

Confie nos outros

Participar de um evento exige sacrifícios. As pessoas se reúnem porque estão engajadas na ideia de obter algo de valor. Quando os organizadores confiam nos participantes e palestrantes para determinar para si mesmos que padrões são relevantes, quais conexões são valiosas e quais histórias têm mais energia, é mais provável que os eventos sejam memoráveis. Embora isso pareça básico, nossa natureza tende a ser prescritiva para dizer às pessoas o que elas vão conseguir tirar de um evento, a que conclusões podem chegar, com quem devem colaborar e no que precisariam trabalhar. Se você confia na audiência e acredita ser capaz de criar *insights* e conexões que fazem sentido para ela, além de oferecer um ambiente que estimula os contatos, a mágica vai acontecer.

Esteja preparado

Se você decidiu participar de um evento presencial, prepare-se, em primeiro lugar, aprendendo tudo sobre o que aquele ambiente pode lhe oferecer. Kaliya Hamlin, na linha de frente do movimento de anticonferências,[22] incentiva as pessoas a identificar questões e assuntos sobre os quais gostariam de aprender mais.[23] A seguir, algumas sugestões para esta preparação:

---

[22] No original em inglês, *unconference*, termo originado entre os adeptos da tecnologia da informação para designar reuniões pessoais de grande porte com abordagem diferenciada das conferências tradicionais. Nas anticonferências, por exemplo, os ingressos não são caros e não há palestras patrocinadas. (N.T.)

[23] K. Hamlin em entrevista com os autores em 2009.

- Antes de visitar os estandes de feiras de negócios, digite palavras-chave do seu nicho de mercado no seu mecanismo de busca favorito e veja que fornecedores aparecem. Visite o site das empresas que estarão demonstrando seus produtos. Identifique com que fornecedores você quer se encontrar e conversar.
- Para se preparar, leia artigos postados no site do evento antes de ir. Verifique se os palestrantes postaram slides de suas conferências anteriores no Slideshare e dê uma olhada neles.
- Para entender o estilo dos palestrantes, sempre que puder, assista-os antes no YouTube ou veja se eles incluem videoclipes em seus próprios sites
- Para ter uma noção de quem estará presente, leia os blogs, veja o Flickr dos palestrantes e de todos que você sabe que vão participar.

Dispor de tempo com outras pessoas é valioso, raro e caro. Tenha conversas significativas, busque orientação dos colegas e procure abordar os temas mais desafiadores, de um modo que você não considere possível online.

Esteja pronto para o Twitter

Coloque um marcador *#hashtag* para sua apresentação no Twitter, se os organizadores do evento não fizerem isso. Use o mínimo de caracteres para que todos possam incluir o marcador em qualquer *tweet*. Torne-o exclusivo para evitar que pessoas fora da audiência o utilizem acidentalmente.

Encoraje os participantes a entrarem na conversa ainda antes da palestra, usando o *hashtag*. As questões levantadas por eles podem revelar temas que você gostaria de abordar na apresentação.

Divulgue o canal de retorno no Twitter em uma tela para que todos (incluindo você) possam ver e enviar suas mensagens e perguntas. Invista um pouco de tempo antes de iniciar sua palestra, explicando como usará o canal de retorno para responder às questões propostas pela audiência. Você verá que os participantes estarão mais inclinados a usar o canal com responsabilidade, em vez de teclar coisas como "oi, mãe!".

Peça que um colega, ou um voluntário da plateia, monitore o fluxo de mensagens e o interrompa caso haja necessidade de abordar imediatamente uma questão. Se você não achar ninguém para desempenhar esse papel, faça intervalos regulares para checar o Twitter. Dá para combinar isso com uma solicitação à plateia para que faça perguntas em "voz alta" também.

Convide outras pessoas para usar o *hashtag* depois de sua palestra, incentivando o envio de questões adicionais e o compartilhamento da experiência coletiva com quem participou pessoalmente ou de forma virtual.

Defina uma atmosfera

Considere todas as condições que intensificam a atmosfera de sociabilidade: tempo disponível para conversar com as pessoas, luz e assentos confortáveis e até boa música. O Lotusphere 2010, com mais de 8 mil participantes, foi aberto com dois violinistas de rua, o duo Nuttin But Strings, e um percussionista, deixando todo mundo aceso. As pessoas twittavam, baixavam arquivos do site da dupla, compravam CDs e conversavam com quem estava por perto enquanto ouviam o som. Isso criou uma atmosfera vibrante que parecia dizer: "Preparem-se para algo grande!". Como palestrante, considere a possibilidade de incluir música em suas palestras, deixando tempo para que as pessoas falem entre si e criando um ambiente em que as elas fiquem entusiasmadas ao aprender.

Posfácio

E agora?

As mídias sociais chegaram, a despeito de sua participação ou não. As pessoas são sociáveis e vão se conectar com as novas tecnologias. Você tem duas escolhas: ficar no caminho ou subir a bordo.

O suporte das mídias sociais para facilitar o novo *social learning* nas organizações apenas começou. A intenção é criar uma cultura em que a aprendizagem seja parte do tecido, os valores centrais e a infraestrutura. Claro, podemos aprender batendo de frente com os obstáculos que aparecerem em nosso trabalho. Claro, as pessoas podem e continuarão a aprender só quando precisarem. No entanto, a mudança cultural que ocorre quando o *social learning* passa a estruturar o processo de trabalho é uma mudança de vida. Não se trata apenas de acrescentar novas tarefas à sua carga de trabalho, pois literalmente muda a maneira como toda a organização aprende, trabalha e tem sucesso.

Ao passar da pressão da informação para a aquisição de conhecimento, você libera energias criativas para sua equipe ter sucesso em um ambiente de rápidas transformações. Assim que cria facilidade para que as pessoas questionem e anunciem suas atividades e projetos, ou forma um ambiente no qual ninguém tem medo de falhar, você permite que as pessoas façam as perguntas realmente difíceis. Dessa forma, obtém respostas que nunca poderia obter de outro modo.

Em um mundo mais simples, o que precisávamos saber para realizar bem nosso trabalho era razoavelmente bem definido. Fazia sentido transmitir ordens e informações de cima para baixo. Hoje em dia, já não é tão simples. Temos mais informações, mais acionistas, mais complexidades. E menos tempo para treinar. Os estudos de aprendizagem são bem claros a esse respeito: quanto mais as pessoas interagem, mais são capazes de aprender. Em outras palavras, quanto mais perguntas elas fazem, mais se fortalece seu processo de aprendizagem. O *social learning* torna mais fácil para as pessoas encontrarem suas perguntas e sua voz.

Não somos um quadro em branco, ou um copo vazio, esperando para ser preenchido com o saber. Somos criaturas em busca de um sentido. Construir uma compreensão baseada no que consideramos importante é comprovadamente um modelo de aprendizagem mais rico e produtivo. A teoria do conhecimento denominada construtivismo social – segundo a qual a realidade é construída pelas pessoas de acordo com a interpretação e o conhecimento que se têm dela – tem sido bastante útil.

O desafio da empresa moderna não é mais simplesmente como derrotar a concorrência. Agora temos de encarar questões de sustentabilidade e adotar uma perspectiva global. Temos de levar em consideração não apenas a sobrevivência planetária, mas a vitalidade de indústrias inteiras e dos mercados financeiros. Francamente, não podemos mais nos sentar sozinhos para pensar em grandes soluções que funcionarão igualmente para todas as indústrias, todas as gerações e todas as inovações. Nosso mundo tornou-se simultaneamente muito complexo e muito pequeno para fazermos isso.

Necessitamos de novas formas para dar sentido à montanha de informações que se move em nossa direção. Precisamos de novas maneiras para filtrar os dados, guardar as informações e colocar questões diante de fontes confiáveis. O que precisamos é de um modo mais completo de aprender. Temos esperança de que o novo *social learning*, que começamos a identificar neste livro, seja capaz de nos levar nessa direção.

Coisas incríveis têm acontecido graças a colaborações que seriam impossíveis alguns anos atrás. Apontamos bolsões de excelência em lugares bastante distantes e díspares, da Mayo Clinic à Chevron e à CIA. E demos sugestões de como podemos proceder.

Não esqueçamos, portanto: o *social learning* não é apenas sobre ser sociável. Não é só uma questão de ter as ferramentas certas. É sobre desenvolver a aprendizagem como prioridade e utilizar as ferramentas de mídia social para promover uma cultura em que nos tornamos melhores, fazendo o melhor. Não é mais o caso de ser um competidor melhor. É passar a oferecer uma contribuição mais consistente e ser um aprendiz mais sábio.

Neste livro, caminhamos sobre uma linha tênue, na fronteira entre ser alarmista ou simplesmente expressar nossa empolgação com as mudanças radicais que temos testemunhado. Oferecemos incontáveis passos para ações que você pode tomar.

E nunca foi nossa intenção exagerar. A melhor coisa sobre o novo *social learning* é que você pode começar pequeno. Não há necessidade de adoção em massa, nem de projeto integral, nem de consenso de grupo. Não é preciso começar do mesmo jeito que outros já fizeram. Assim que você começar a fazer as grandes perguntas, um modelo de trabalho vai emergir. Tudo de que precisa é a coragem de iniciar a jornada. Pode ser tão simples como identificar onde o *social learning* já está funcionando em sua organização e perguntar como seria possível melhorar isso.

Comece do ponto em que a organização está. Faça o que for possível. Peça ajuda. E aproveite o passeio. Foi uma honra levá-lo nesta jornada. Esperamos que a jornada do *social learning* transforme você e todos aqueles a quem você serve.

Apêndice: governança

Organizações diante do uso de um software social para comunicação e aprendizagem geralmente estão preocupadas em como governar esta prática. Devem dispor de políticas rigorosas ou confiar no bom-senso das pessoas? As políticas mais efetivas que já vimos situam-se em algum lugar entre os dois extremos: compreensivas e educativas, orientam os colaboradores online sobre o comportamento esperado e tratam as pessoas como merecedoras de confiança.

> Chris Bordeaux, da Converseon, criou o site SocialMediaGovernance.com, um espaço repleto de ferramentas e recursos para auxiliar os gestores e líderes com os aplicativos sociais. A página de políticas desse site oferece exemplos de normas de conduta em mídias sociais, diretrizes e *templates* de organizações de todos os portes dos setores público e privado.

A IBM é um caso exemplar de governança com mídias sociais. Suas normas de procedimento têm como objetivo oferecer orientação útil e prática – e também proteger os colaboradores e a empresa, enquanto se abrem à computação social. As normas foram estabelecidas pelos próprios colaboradores da IBM, trabalhando juntos em uma wiki interna, e já foram revistas várias vezes desde sua criação em 2005, pois novas tecnologias e ferramentas de conexão tornaram-se disponíveis.

As regras começam com uma solicitação aos leitores: "Você notou algum comportamento ou conteúdo inadequado, que não esteja de acordo com essas normas? Por favor, relate a inadequação via e-mail" (que é enviado a um administrador de conteúdo que tem acesso ao relatório).

A gigante do varejo Nordstrom dispõe de regras de conexão social para seus colaboradores, que os ajudam a dialogar e se conectar, e com clientes atuais e potenciais. A companhia explica que essas normas têm a intenção de auxiliar os colaboradores a compreender como "compartilhar pensamentos, pontos de vista e perspectivas – como um representante da Nordstrom – no mundo virtual". Detalhes adicionais sobre cada orientação ficam disponíveis no site da empresa, organizados sob seis grandes temas:

- Use um julgamento equilibrado.
- Seja respeitoso.
- Seja transparente.
- Seja humilde.
- Seja humano.
- Seja um bom ouvinte.

Além disso, a empresa solicita aos colaboradores que *não* compartilhem:

- Informações confidenciais.
- Informações pessoais e particulares – suas, dos clientes e dos colegas.

Com estimadas 5 mil conversas por dia sobre a empresa nas redes sociais online, a Coca-Cola apresenta seus *Princípios para Mídias Sociais Online* em seu site. Objetivo: "Permitir que nossa equipe participe dessa nova fronteira do marketing e da comunicação, represente a nossa companhia e compartilhe o espírito otimista e positivo de nossas marcas".

A empresa explica que esses princípios seguem uma linha de como os valores compartilhados da companhia deveriam ser apresentados nas mídias sociais e encoraja seus colaboradores a explorar e a interagir nas comunidades online em um nível em que se sintam confortáveis. A Coca-Cola orienta os colaboradores: "Divirtam-se, mas sejam espertos". E recomenda que eles "usem o julgamento correto e o bom-senso" nos mundos online como se estivessem no mundo físico.

Além de descrever a expectativa da empresa em relação ao comportamento dos colaboradores nas comunidades das mídias sociais e oferecer dez orientações para todos os porta-vozes virtuais, o guia de princípios online da Coca-Cola também aponta os cinco valores essenciais para essa interação:

- **Transparência** em toda interação nas mídias sociais.
- **Proteção** à privacidade dos consumidores.
- **Respeito** a direitos autorais, marcas registradas e direitos de terceiros, incluindo o conteúdo gerado pelos usuários das mídias sociais.
- **Responsabilidade** no uso da tecnologia.
- **Utilização** das melhores práticas e conformidade aos regulamentos para assegurar que os princípios reflitam padrões apropriados de comportamento.

Para mais detalhes sobre os princípios da Coca-Cola nas mídias sociais e de outras empresas apresentadas neste apêndice, visite:

- **Princípios nas mídias sociais online da Coca-Cola**
  www.thecoca-colacompany.com/socialmedia/
- **Converseon:** SocialMediaGovernance.com
- **Normas de conduta de computação social da IBM**
  www.ibm.com/blogs/zz/en/guidelines.html
- **Normas de conduta em redes sociais da Nordstrom**
  about.nordstrom.com/help/our-policies/social-media-guidelines.asp

---

Normas de conduta de computação social da IBM: blogs, wikis, redes sociais, mundos virtuais e mídias sociais

Interação responsável na inovação e diálogo

Criar e participar de um blog, wiki, rede social online ou qualquer outra forma de publicação ou discussão online é decisão própria do colaborador da IBM. Contudo, plataformas emergentes de colaboração online estão alterando fundamentalmente a maneira como os colaboradores da IBM interagem uns com os outros, com os clientes e parceiros.

A IBM está explorando cada vez mais o discurso pela computação social de modo a delegar poder para colaboradores como profissionais globais, pessoas inovadoras e cidadãos. Essas interações individuais representam um novo modelo: não mais a comunicação de massa, mas a massa de comunicadores.

Sendo assim, é do interesse da IBM – e, acreditamos, de cada um de seus colaboradores – estar atenta e participar dessa esfera de informação, interação e troca de ideias.

Para aprender: como empresa baseada na inovação, acreditamos na importância do intercâmbio aberto e da aprendizagem – entre a IBM e seus clientes e entre os muitos participantes de nossos negócios emergentes e de nosso ecossistema social. O fenômeno do rápido crescimento na internet dos conteúdos gerados por usuários – blogs, aplicativos sociais na internet e redes sociais – estão fazendo surgir novos espaços para esse tipo de interação e aprendizagem.

Para colaborar: a IBM – como negócio, como empresa inovadora e como cidadã corporativa – dá contribuições importantes para o mundo, para o futuro dos negócios e das tecnologias, e também para o diálogo público em uma ampla gama de temas sociais. Como nossas atividades de negócios cada vez mais têm foco na provisão de *insights* transformadores e na inovação de alto valor – tanto para os clientes comerciais quanto para aqueles no setor público, educacional ou de saúde –, torna-se cada vez mais importante para a IBM e seus colaboradores compartilharem com o mundo as coisas excitantes que estamos aprendendo e fazendo, e também aprender com os outros.

Em 1997, a IBM recomendou a seus colaboradores que aderissem à internet – justamente em um período em que a maioria das empresas procurava restringir esse acesso. Em 2005, a companhia tomou a decisão estratégica de abraçar a blogosfera e encorajar seus colaboradores a participar. Hoje, continuamos a defender o envolvimento responsável nesse espaço em rápida expansão de relacionamento, aprendizagem e colaboração.

Fonte: Extraído da introdução das normas de conduta de computação social da IBM; para ver as informações completas, acesse: www.ibm.com/blogs/zz/en/guidelines.html

Leitura recomendada

ALLEN, D. *Getting Things Done: The Art of Stress-Free Productivity.* Nova York: Penguin, 2002.

BEN Betts Is Stoatly Different: A Stoatly Different eLearning Blog. http://www.ht2.org/ben/?paged=2.

BROGAN, C. *Social Media 101: Tactics and Tips to Develop Your Business Online.* Hoboken, NJ: John Wiley & Sons, 2010.

_____. http://www.chrisbrogan.com.

CROSS, J. *Informal Learning: Rediscovering the Natural Pathways that Inspire Innovation and Performance.* São Francisco: Pfeiffer, 2007.

_____. *Working Smarter: Informal Learning in the Cloud.* Berkeley, CA: Internet Time Group, 2010.

Doug Engelbart Institute. http://dougengelbart.org.

FITTON, L., GRUEN, M. e POSTON, L. *Twitter for Dummies.* Indianápolis, IN: John Wiley & Sons, 2009.

GILLIN, P. *Secrets of Social Media Marketing: How to Use Online Conversations and Customer Communities to Turbo-Charge Your Business!* Fresno, CA: Quill Driver Books, 2008.

_____. *The New Influencers: A Marketer's Guide to the New Social Media.* Fresno, CA: Linden, 2009.

HAGEL, III, J., SEELY BROWN, J. e DAVISON, L. *The Power of Pull: How Small Moves, Smartly Made, Can Set Big Things in Motion.* Filadélfia, PA: Perseus Books, 2010.

ISRAEL, S. *Twitterville: How Businesses Can Thrive in the New Global Neighborhoods.* Nova York: Portfolio, 2009.

Jean Piaget Society. http://www.piaget.org.

LAVE, J. e WENGER, E. *Situated Learning: Legitimate Peripheral Participation.* Cambridge, UK: Cambridge University Press, 1991.

LI, C., e BERNOFF, J. *Groundswell: Winning in a World Transformed by Social Technologies.* Boston: Harvard Business Press, 2008.

LIGHT, R. The College Experience: A Blueprint for Success. http://athome.harvard.edu/programs/light/index.html.

QUINN, C. *mLearning.* São Francisco: Pfeiffer, 2010.

RHEINGOLD, H. *Smart Mobs: The Next Social Revolution.* Cambridge, MA: Perseus Books Group, 2002.

ROBBINS, S., e M. BELL. *Second Life for Dummies.* Hoboken, NJ: John Wiley & Sons, 2008.

ROSENBERG, M. J. *E-Learning: Strategies for Delivering Knowledge in the Digital Age.* Nova York: McGraw-Hill, 2001.

_____. *Beyond E-Learning: Approaches and Technologies to Enhance Organizational Knowledge, Learning, and Performance.* São Francisco: John Wiley & Sons, 2006.

SCOBLE, R. e ISRAEL, S. *Naked Conversations: How Blogs Are Changing the Way Businesses Talk with Customers.* Hoboken, NJ: John Wiley & Sons, 2006.

SEELY BROWN, J. e DUGUID, P. *The Social Life of Information.* Boston: Harvard Business School Press, 2000.

SHIRKY, C. *Here Comes Everybody: The Power of Organizing Without Organizations.* Nova York: Penguin Press, 2008.

_____. *Cognitive Surplus: Creativity and Generosity in a Connected Age.* Nova York: Penguin Press, 2010.

SOLIS, B. *Engage: The Complete Guide for Brands and Businesses to Build, Cultivate, and Measure Success in the New Web.* Hoboken, NJ: John Wiley & Sons, 2010.

TAPSCOTT, D. *Grown Up Digital: How the Net Generation Is Changing Your World.* Nova York: McGraw-Hill, 2008.

WENGER, E. *Communities of Practice: Learning, Meaning, and Identity.* Cambridge, UK: Cambridge University Press, 1999.

_____., N. White, e J. D. Smith. *Digital Habitats: Stewarding Technology for Communities.* Portland, OR: CPSquare, 2009.

YNGVE, V. On Getting a Word in Edgewise. *Papers from the Sixth Regional Meeting [of the] Chicago Linguistic Society,* 1970, p. 568.

Sobre os autores

Tony Bingham é presidente e CEO da American Society for Training & Development (ASTD), a maior associação do mundo dedicada à área do treinamento e desenvolvimento (T&D). A ASTD oferece programas e serviços para auxiliar seus associados no aprimoramento da performance individual e organizacional por meio da aprendizagem. Com 130 escritórios nos Estados Unidos e 30 parceiros internacionais, a ASTD promove oportunidades para seus membros se reunirem em nível local e regional em todo o mundo.

Em conjunto com os conselheiros e com o apoio de uma equipe de 90 colaboradores, além de ampla rede de voluntários, o trabalho de Tony está focado em dar suporte aos associados para a gestão de talentos em suas organizações, na demonstração do impacto positivo em seus negócios, na compreensão do poder das mídias sociais na aprendizagem informal, na redução das lacunas de capacitação e no alinhamento de suas atividades com as prioridades estratégicas do negócio.

Tony é coautor de *Presenting Learning: Ensure CEOs Get the Value of Learning*, um livro dedicado a ajudar profissionais da área de aprendizagem na articulação de um caso de negócios para aprendizagem de forma mais persuasiva, posicionando a si mesmos como parceiros estratégicos, e na comunicação de um caso fascinante sobre o impacto da aprendizagem nos resultados dos negócios.

Com ampla expertise em negócios, finanças, gerenciamento técnico e operacional, Tony ingressou na ASTD em 2001 como diretor da área de operações e tecnologia. Tornou-se presidente e CEO em 2004.

Marcia Conner é sócia do Altimeter Group, empresa de consultoria e pesquisa que oferece suporte a empresas no enfrentamento de seus mais árduos desafios de negócios. Trabalhando com empresas e indústrias para que usem o processo de mudança em seu benefício, ela aplica experiência multidisciplinar para acelerar a cultura colaborativa, a aprendizagem no ambiente de trabalho e os negócios nas mídias sociais. Marcia integra um grupo de estudos na Darden School of Business, fundou no Twitter o popular *chat* #Irnchat e escreve na revista *Fast Company* a coluna *Aprendizado em todos os níveis*.

Sua expertise congrega as áreas mais fundamentais para o sucesso sustentável: liderança, estratégia, tecnologia, educação e design. Aplicando em conjunto esse conhecimento, ela demonstra como o envolvimento do poder da inteligência de todos em um ecossistema organizacional pode proporcionar vantagem competitiva e fortalecer os resultados financeiros.

Veterana de 20 anos no mercado empresarial, Marcia foi vice-presidente de serviços educacionais e de informação futurista na PeopleSoft, diretora executiva de treinamento global na Microsoft, editora-chefe da revista *Learning in the New Economy* e integrante da Society for New Communications Research.

Ela é também autora de *Learn More Now*, coautora de *Creating a Learning Culture: Strategy, Technology and Practice* e escreve no blog *Learnativity* sobre a intersecção crítica entre aprendizagem, criatividade, atividade e produtividade.

Sobre a American Society for Training & Development

A American Society for Training & Development (ASTD) é a maior associação profissional do mundo dedicada à área de treinamento e desenvolvimento (T&D). Em mais de 100 países, os associados da ASTD trabalham em organizações de todos os portes, nos setores público e privado, como consultores independentes e fornecedores. Os integrantes estão vinculados a 130 escritórios nos Estados Unidos e a 30 parceiros internacionais.

A ASTD oferece oportunidades de desenvolvimento profissional de primeira linha, conteúdo, *networking* e recursos para o treinamento e desenvolvimento profissional. Dedicada a auxiliar seus associados na conquista de maior relevância no mercado, no aprimoramento de habilidades e capacitações, além do alinhamento de aprendizagem e resultados financeiros, a ASTD estabelece o padrão das melhores práticas dentro da profissão.

Fundada em 1943, a ASTD expandiu o foco nos últimos anos para o alinhamento da aprendizagem e performance nos resultados organizacionais, tendo também participação ativa em questões relacionadas à definição de políticas públicas. Para mais informações, visite www.astd.org

Este livro foi impresso em papel Lux Cream 75 g
pela gráfica Edições Loyola.